Sophia Daniel
é uma experiente agente de cura, além de ser especialista em interpretação dos sonhos. Ela tem uma coluna sobre sonhos na revista *Prediction* e ministra cursos regulares sobre cura e desenvolvimento.

Sonhando com a Cura

*Guia prático para ativar o poder
de cura dos seus sonhos*

Sophia Daniel

Tradução
MIRTES FRANGE DE OLIVEIRA PINHEIRO

EDITORA PENSAMENTO
São Paulo

Título do original: *Dream Healing*.

Copyright © 1999 Sophia Daniel.

Publicado pela primeira vez na Grã-Bretanha em 1999 pela Element Books Ltd., Shaftesbury, Dorset.

Ilustrações de David Woodroffe.

Todos os direitos reservados. Nenhuma parte deste livro pode ser reproduzida ou usada de qualquer forma ou por qualquer meio, eletrônico ou mecânico, inclusive fotocópias, gravações ou sistema de armazenamento em banco de dados, sem permissão por escrito, exceto nos casos de trechos curtos citados em resenhas críticas ou artigos de revistas.

O primeiro número à esquerda indica a edição, ou reedição, desta obra. A primeira dezena à direita indica o ano em que esta edição, ou reedição, foi publicada.

Edição	Ano
1-2-3-4-5-6-7-8-9-10	02-03-04-05-06-07-08-09

Direitos de tradução para a língua portuguesa
adquiridos com exclusividade pela
EDITORA PENSAMENTO-CULTRIX LTDA.
Rua Dr. Mário Vicente, 368 — 04270-000 — São Paulo, SP
Fone: 272-1399 — Fax: 272-4770
E-mail: pensamento@cultrix.com.br
http://www.pensamento-cultrix.com.br
que se reserva a propriedade literária desta tradução.

Impresso em nossas oficinas gráficas.

Sumário

Introdução 7

1. O que é o sonho? 9
2. O que é cura? 23
3. O desenvolvimento da cura pelo sonho 31
4. O mundo estranho dos sonhos 41
5. A cura pelos sonhos (1) — Primeiros passos 57
6. A cura pelos sonhos (2) — Registro e interpretação ... 69
7. Compreensão das imagens dos sonhos 81
8. Compreensão dos sonhos (1) — Os sistemas do corpo ... 99
9. Compreensão dos sonhos (2) 111
   — Imagens relacionadas ao corpo
10. Compreensão dos sonhos (3) 123
    — Símbolos oníricos importantes
11. Compreensão dos sonhos (4) 139
    — A mansão da alma
12. Compreensão dos sonhos (5) 153
    — Outros símbolos

E agora? 165

Bibliografia 167

Introdução

Desde tempos imemoriais, pessoas de todas as culturas são fascinadas pelos sonhos e por suas interpretações. Os primeiros sonhos de que se tem conhecimento foram registrados no Egito há cerca de 4.000 anos, muito antes de que os relatos históricos dos sonhos de José e Daniel fossem escritos. Naquela época, os sonhos eram considerados mensagens dos deuses ou oráculos que previam o futuro. Mas eram usados também com propósitos de cura, e atualmente ainda o são em muitas partes do mundo.

No mundo ocidentalizado em que vivemos, a arte da cura pelo sonho tem sido negligenciada e esquecida. Entretanto, nosso estilo de vida atribulado e estressante, além de desencadear um aumento considerável do número de doenças "modernas" que ameaçam a vida, levou muitas pessoas a participar ativamente do seu próprio processo de cura e a dividir com os médicos a responsabilidade por sua recuperação e bem-estar. Isso levou a uma nova interpretação de velhas idéias e ao ressurgimento de formas milenares de cura, além do advento de métodos modernos de tratamento, incluindo alguns que podem parecer bastante estranhos. O importante, contudo, é que esses métodos consideram a pessoa como um todo e exigem a sua participação no processo de cura. Isso se aplica especialmente à área da cura pelo sonho.

Os sonhos nada mais são do que conversas que travamos com nós mesmos e, quando aprendemos a compreender e a interpretar nossa linguagem onírica, fica claro que podemos enfrentar praticamente qualquer problema que tenhamos durante a vigília. Parece que uma parte recôndita de nós compreende verdadeiramente todas as nossas necessidades. Usando a linguagem da informática, podemos dizer que se trata de um tipo de botão AJUDA. Esse é um recurso valioso que está sempre à nossa disposição, esperando pacientemente que recorramos a ele. Podemos fazer isso por intermédio dos nossos sonhos. Infelizmente, na maior parte do tempo esquecemos que ele existe e, quando tocamos nesse botão inadvertidamente, achamos sua linguagem bastante confusa.

O objetivo deste livro é fazer com que sejamos capazes de ouvir as mensagens dos nossos sonhos, de compreender sua importância e, quem sabe, de seguir seus conselhos. Ele descreve os mecanismos da mente e a forma como ela cria uma linguagem própria para cada um de nós, composta de imagens pessoais associadas a imagens arquetípicas dos nossos ancestrais. Com exceção da análise detalhada que ele apresenta da forma como o corpo é usado simbolicamente durante os sonhos para explicar as doenças, ele evita longas listas de interpretações, levando em conta somente os temas principais.

Este livro inclui várias técnicas oníricas muito práticas e fáceis de usar, como sonhos incubados e lúcidos, e mostra como podemos incutir idéias em nosso inconsciente para auxiliar o diagnóstico das causas subjacentes às doenças. Ele nos ensina a lembrar e a gravar nossos sonhos antes que eles sumam da nossa mente e explica por que alguns deles não saem dos nossos pensamentos durante todo o dia. Além disso, explica como podemos transformar emoções e idéias abstratas em imagens, a fim de dar um contexto a elas, como interpretar as mensagens e as respostas que recebemos e como colocá-las em prática para melhorar nossa saúde e bem-estar.

1

O que é o sonho?

O sonho é uma das áreas mais negligenciadas da experiência humana, e, por mais estranho que possa parecer, grande parte do mundo altamente industrializado e informatizado em que vivemos é resultado de sonhos. Do mundo dos sonhos teriam surgido sabedoria, arte, literatura, cura, descobertas científicas, invenções, políticas governamentais e estratégias bélicas. De fato, os sonhos parecem constituir uma fonte inesgotável de potencial humano. Entretanto, atualmente a interpretação dos sonhos muitas vezes é considerada um mero entretenimento, uma frivolidade com que nos comprazemos quando não estamos ocupados trabalhando. Quanto aos pesadelos, em vez de compreendê-los, quanto mais cedo nos livramos deles, melhor.

Só não nos damos conta de que, ao sonhar, comunicamo-nos com nós mesmos. Ao ignorar ou interpretar mal o mundo dos sonhos, na verdade desperdiçamos excelentes oportunidades de melhorar nossa vida. Durante o sonho, afora os ruídos e reações físicas naturais, não existem interferências ou estímulos externos. O nível mais profundo da mente pode, portanto, expressar-se livremente, sem a imposição da mente lógica de quando estamos acordados. Assim como uma criança que ainda não tem plena consciência das restrições sociais diz o que pensa sem medo de punição, nossos sonhos revelam verdades simples sobre a nossa vida. Se prestarmos atenção nessa "vozinha" e seguirmos seus conselhos e sugestões, poderemos aprender a viver uma vida mais saudável e gratificante.

Este livro nos ensina a fazer isso e a usar os sonhos para resolver nossos problemas físicos, emocionais, mentais e espirituais. Mas, primeiro é importante compreender o que são os sonhos, por que os temos e o que acontece enquanto estamos sonhando.

Padrões do sono e do sonho

Passamos quase um terço da vida dormindo. Durante muito tempo pensou-se que o único objetivo do sono era proporcionar descanso para o corpo. Contudo, pesquisas científicas da era moderna demonstraram que o cérebro permanece bastante ativo durante o sono e que o corpo físico consegue descansar sem necessariamente dormir. Atualmente, acredita-se que dormimos para sonhar.

Existem dois tipos principais de sono: o sono profundo e os períodos de sono leve associados ao movimento rápido dos olhos, conhecido como REM (Rapid Eye Movement). A maior parte dos sonhos acontece no estado REM, quando as imagens geralmente são específicas e nítidas. Sonhos vagos e sem nexo são mais raros e estão ligados aos níveis de sono mais profundos.

O sono segue um padrão regular que começa com um período de sono profundo, durante o qual a pessoa mergulha nos níveis mais lentos de atividade cerebral cuja duração é de aproximadamente 90 minutos. Depois há um curto período de atividade REM, seguido pela retomada do sono profundo. Esse padrão alternado prossegue por toda a noite — com os períodos REM tornando-se cada vez mais longos — e está diretamente relacionado com a maneira como nos sentimos ao despertar. Se os períodos de REM forem reduzidos ou interrompidos, provavelmente nos queixaremos de que não dormimos bem. Contudo, na realidade, nosso cansaço pode ser atribuído à diminuição na quantidade de sonhos e não de sono.

A crença moderna de que precisamos de oito horas de sono por dia freqüentemente nos leva a ficar bastante estressados e frustrados quando não conseguimos cumprir essa cota. Entretanto, nosso corpo está perfeitamente consciente das nossas necessidades individuais, quer sejam três ou dez horas. Uma vez que reconheçamos isso, a preocupação desaparece — e muitas vezes a insônia também. O importante é a *qualidade* do sono, e é nesse ponto que o nosso estilo de vida tende a interferir.

Só precisamos realmente de longas horas de sono no início da vida — pesquisas atuais revelam que o hormônio do crescimento é produzido durante o sono. Além do mais, os bebês mais novinhos, que passam a maior parte do tempo dormindo, têm grandes períodos de REM, o que levou alguns pesquisadores a levantar a hipótese de que o sonho aconteça desde antes do nascimento. Uma vez que o sonho, o sono e o REM estão ligados, será que o sonho constitui uma parte essencial do processo de crescimento no útero?

Precisamos dormir também quando estamos doentes, pois o sono é uma reação natural do corpo para auxiliar o processo de recuperação. (Basta analisarmos o comportamento dos animais doentes para compreendermos isso.) O funcionamento saudável do nosso sistema imunológico também depende do sono profundo: as bactérias presentes no intestino produzem substâncias químicas que induzem ao sono e que, ao atingirem o cérebro, colocam em ação uma cadeia de reações químicas com o intuito de produzir células de defesa.

Testes de laboratório revelaram que o sonho é essencial para a saúde, mesmo que nunca nos lembremos dele. Experiências demonstraram que quando as pessoas são privadas do sono REM, elas ficam desorientadas, deprimidas e ansiosas. Parece, portanto, que independentemente de nos lembrarmos deles ou não, os sonhos representam uma parte integrante de um processo que assegura nosso contínuo bem-estar.

Muitos de nós já sentimos reações físicas produzidas por pensamentos, a despeito da ausência de qualquer tipo de estímulo físico. Por exemplo, quando pensamos na perda de um ente querido nossos olhos se enchem de lágrimas. Quando recordamos um acontecimento particularmente divertido sorrimos ou até damos gargalhadas. Da mesma forma, quando nos lembramos de um acontecimento aterrorizante ficamos com medo e sentimos um friozinho na barriga. Portanto, parece que reagimos fisicamente aos pensamentos que passam pela nossa mente e que a intensidade dessa reação depende da natureza do pensamento. Mas como esse fenômeno é tão comum, apenas nos damos conta disso em ocasiões excepcionais.

Você pode testar isso sozinho — imagine que está chupando um limão. Noventa e nove pessoas em cem imediatamente ficariam com a boca cheia d'água, o que aconteceria de maneira natural se estivessem realmente chupando um limão. O organismo reagiu a um pensamento apenas. Antigamente, quando as bandas de música se apresentavam nas praças, crianças travessas costumavam ficar na frente dos músicos e chupar limão de verdade. Isso muitas vezes silenciava a banda, pois seus componentes começavam a salivar em excesso a ponto de não conseguir tocar seus instrumentos.

Acontece a mesma coisa quando pensamos em alguém que nos deixa excitados sexualmente — sentimos uma sensação de fogo subindo pelo corpo. Da mesma forma, quando temos medo de altura, somente o fato de pensar na possibilidade de atravessar uma ponte suspensa pode nos fazer suar frio e sentir tontura. Uma sensação muito comum é o "desânimo da segunda-feira", quando o ressentimento de ter de trabalhar nos enche de tristeza e provoca tensão no plexo solar. Todas essas são reações conscientes a que podemos ter acesso sozinhos. Entretanto, existem muitas outras abaixo do nível de consciência que também produzem reações físicas — *stress* e tensão, raiva e irritação —, afetam o nosso organismo e, caso não sejam contidas, muitas vezes podem causar doenças.

Se, como as pesquisas têm demonstrado, o cérebro continua "pensando" durante a fase REM, ou estágio do sonho, será que o corpo pode continuar reagindo ao pensamento — ou seja, aos pensamentos dos sonhos — enquanto estamos dormindo? Se puder, aparentemente os sonhos fazem parte de um processo de cura e de recuperação automáticos, e por isso não podemos prescindir deles. Como foi mencionado anteriormente, a privação do sono REM pode exercer um efeito marcante sobre nós. Segundo as pesquisas, pode até mesmo resultar em transtornos mentais e comportamentos anormais, como agressão, desorientação, dificuldade de concentração, alucinações e, algumas vezes, psicoses. Descobriu-se também que, depois de um período de privação, a pessoa passa mais tempo na fase REM. Se isso for verdade, o controle e a utilização dos sonhos assumem uma nova importância para a nossa própria saúde e bem-estar.

Fenômenos relacionados com o sonho

Sabe-se perfeitamente que as reações físicas continuam enquanto dormimos. Qualquer pessoa que já teve um pesadelo compreenderá isso muito bem. Podemos acordar suando, com o coração disparado, tentando gritar. O corpo fica num estado de medo — o estado de "luta ou fuga" —, com a adrenalina a mil. Essas são reações a imagens mentais e não à realidade. Da mesma forma, as reações sexuais são normais e bastante comuns durante o sonho. Ereções, aumento de secreções vaginais e orgasmos ocorrem freqüentemente durante o sono. As pesquisas realizadas nessa área revelam fatos interessantes: durante os períodos de REM, ou de sonho, 80 por cento dos homens têm ereções, homossexuais têm sonhos heterossexuais e paraplégicos ou quadriplégicos, de ambos os sexos, têm orgasmo. Obviamente deve haver uma explicação simples para isso no que diz respeito ao corpo físico, mas está claro que os pensamentos que uma pessoa tem durante os sonhos produzem exatamente as mesmas reações orgânicas que os pensamentos que ela tem durante a vigília.

Em vista disso, é importante compreender a diferença entre as reações induzidas pelo sonho e os fenômenos a ele relacionados. Estes últimos representam reações físicas naturais que são absorvidas pelo sonho. Para compreender a diferença entre os dois, reflita sobre algumas das coisas que podem acontecer naturalmente quando fechamos os olhos. Por exemplo, quando fixamos um objeto por alguns minutos e depois fechamos os olhos, durante alguns momentos ficamos com uma imagem invertida na retina. O mesmo ocorre quando olhamos através de uma janela, antes de fechar os olhos — temos uma foto negativa de uma moldura de luz com quadrados ou retângulos escuros. Podemos perceber sombras e variações de luminosidade com os olhos fechados. Descobriu-se também que, se fecharmos os olhos e concentrarmos nossa atenção num ponto como se eles estivessem abertos, começamos a ver pontos de luz — alguns dos quais podem ser coloridos — movimentando-se e colidindo uns com os outros. Esse fenômeno foi pesquisado pelo francês Henri Bergson, no início do século XX. Bergson teorizou que esses pontos de luz eram causados pela circulação do sangue na retina e que a mente os usava para criar formas e imagens oníricas enquanto a imaginação oferecia uma narrativa apropriada.

No período entre o sono e o despertar, sobrevêm imagens hipnogógicas e hipnopômpicas (ver página 45). Essas imagens — hipnogógicas quando pegamos no sono e hipnopômpicas quando acordamos — podem ocorrer também durante uma meditação profunda e coincidem com períodos de atividade intensa de ondas cerebrais alfa. Nesse estado, podemos perceber imagens vívidas e bastante coloridas, embora aparentemente desconexas. Curiosamente, achamos que ainda estamos bem acordados e nos surpreendemos quando percebemos que isso não é verdade. Podemos também sentir uma sensação de desligamento e falta de envolvimento. É comum a visão de rostos com os quais não estamos familiarizados, assim como de cenas desconexas, e o efeito pode ser bastante semelhante a uma projeção bizarra de *slides* ou a uma rápida busca pelos canais de televisão com um controle remoto. Algumas vezes, o significado dessas imagens pode ser extremamente profundo e visionário, mas freqüentemente elas parecem ser incoerentes e sem nenhum valor. As imagens hipnogógicas e hipnopômpicas não devem ser confundidas com alucinações. Estas últimas ocorrem num estado desperto e são formadas por uma mistura de imagens fantasiosas com a percepção normal.

Durante o sonho, a mente pode ser influenciada por uma série de reações físicas que podem dar mais significado ao sonho ou apenas interferir com mensagens falsas ou distorcidas. Portanto, é importante compreender o funcionamento do corpo durante o sono. Algumas vezes o próprio sonho induz uma resposta física; outras vezes, entramos em sintonia com as funções naturais do corpo e as traduzimos num sonho.

Quando dormimos, ocorrem mudanças naturais no nosso metabolismo. A respiração fica mais lenta, a temperatura corporal, a pressão arterial e a freqüência cardíaca diminuem e há uma redução gradual nos ciclos das ondas cerebrais. Quando acordamos, o processo é revertido. Todas essas fases podem ser interpretadas pela mente como parte do sonho.

Durante determinados estágios do sono, os reflexos musculares associados aos membros e à garganta desaparecem e a pessoa parece estar paralisada. Essa condição, conhecida como paralisia do sono, pode penetrar no sonho e continuar no estado semi-acordado, o que pode ser bastante assustador. Muitas vezes, isso se manifesta num pesadelo como uma completa incapacidade de correr, de se mover ou até mesmo de gritar. Podemos acordar e descobrir que estamos desesperados tentando gritar por ajuda.

Minha mãe costumava ter sempre o mesmo pesadelo, que serve para ilustrar esse estado. Ela estava deitada num deserto e algo vinha em sua direção. Ela ficava aterrorizada porque não conseguia se mexer. Todos os seus membros pareciam enormes e completamente inertes. O objeto desconhecido se aproximava cada vez mais, mas na verdade nunca a alcançava. Esses sonhos eram muito comuns e geralmente significavam que a pessoa estava enfrentando uma situação sobre a qual não tinha nenhum controle e que não podia ser mudada facilmente.

A catalepsia representa um fenômeno semelhante, exceto pelo fato de que os músculos ficam rígidos e não flácidos. Esse fato, somado com uma maior consciência do estado imóvel, gera a mesma sensação de impotência. Em ambos os casos, contudo, o simples ato de abrir os olhos parece trazer o corpo de volta ao controle consciente. A catalepsia muitas vezes é resultado de um grande *stress*, associado com condições de sono incorretas. Um colchão macio molda-se ao formato do corpo estressado permitindo, dessa forma, que os músculos tensos sejam acomodados em seu estado rígido, ao passo que um colchão duro nos obriga a relaxar totalmente para que possamos dormir. O sonho a seguir ilustra um estado de catalepsia:

> *Sonhei que estava nadando num oceano imenso. Não havia terra à vista e eu podia sentir que minhas forças estavam acabando. Aos poucos, minhas pernas e pés começaram a enrijecer, depois meu corpo e, final-*

mente, enquanto eu lutava desesperadamente para permanecer na superfície, meus braços também ficaram rígidos e eu sabia que ia afundar. Nesse momento acordei com a garganta completamente paralisada de tanto tentar gritar.

Outra experiência comum é a contração durante o sono. Às vezes ela se transforma num solavanco repentino — o reflexo mioclônico — que ocorre ou quando a pessoa adormece ou quando desperta. Existem duas teorias a esse respeito: a primeira afirma que se trata de uma contração repentina dos músculos; a segunda, que está relacionada ao relaxamento da estrutura muscular mais profunda — um espasmo súbito quando pensávamos ter relaxado completamente. Esse fato é muito comum em pessoas que estão passando por um processo de relaxamento que envolve somente os músculos externos. As camadas mais profundas junto aos ossos podem permanecer tensas e demorar mais tempo para relaxar. A mente da pessoa transporta essas contrações para o sonho. A sensação de pisar no vazio é bastante comum, assim como de despencar de um precipício e cair no chão.

Estou subindo uma escada em espiral num castelo. Chego numa porta e está muito escuro. Abro a porta e dou um passo à frente. Sinto uma sensação horrível, como se pisasse no vazio.

Uma bexiga cheia constitui um aspecto físico capaz de infiltrar no mundo dos sonhos de várias formas — procurar um toalete, ter de recorrer a uma moita ou algo semelhante ou simplesmente despertar e ir ao banheiro. Assim, a necessidade de urinar num sonho pode representar uma necessidade física e não uma sugestão profunda de se livrar de algo. A enurese (xixi na cama) ocorre sobretudo em crianças com problemas, normalmente devido a pais extremamente autoritários. Pode ser causada também por fraqueza muscular, o que permite que a bexiga cheia goteje quando o corpo está em repouso e a musculatura relaxa naturalmente, como na paralisia do sono.

O sonambulismo e a soniloqüência sobrevêm quando encenamos um sonho. Esses fenômenos indicam que não está havendo o relaxamento normal dos reflexos musculares, e geralmente estão associados aos períodos de grande ansiedade e *stress* do cotidiano. (Alguns especialistas acham que a causa reside em mecanismos de descarga incorretos do cérebro.) Isso pode manifestar-se de várias formas, desde simplesmente caminhar pelo quarto ou balbuciar algumas palavras até gritar ou cantar, ou até mesmo agir de forma extremamente violenta e perigosa. A menos que o sonâmbulo esteja se comportando de forma violenta, em geral não é bom acordá-lo, pois ele pode estar excessivamente desorientado. O melhor é conduzi-lo de volta à cama. É possível conversar com alguém que fale durante o sono, mas muitas vezes as respostas são ininteligíveis ou incoerentes. Sybil Leek relata no livro *Sonhos* que Helen Keller, jovem cega, surda e muda, antes de aprender a falar na vida real falava durante o sono. O exemplo de sonambulismo a seguir é uma experiência de Mary:

> *Eu dividia um quarto com uma colega na escola e freqüentemente ficava lendo até altas horas enquanto ela dormia. Certa ocasião, Mary sentou-se na cama e anunciou com voz solene: "Acabei de descobrir o segredo do Universo". Então me conta, pedi. "Meta-se com a sua vida", foi a resposta.*

Ruídos externos também podem influenciar os nossos sonhos. Quantas vezes o despertador foi o culpado, transformado pela mente adormecida em todos os tipos de monstros, assim como o carro de bombeiros ou a sirene da viatura policial? Qualquer barulho ou batida durante a noite recebe um tratamento semelhante, enquanto o ronco do companheiro pode ser traduzido como um estrondoso terremoto ou como o rosnar de um animal. O som do uivo de uma raposa pode ser interpretado de diversas formas. Todos esses fenômenos externos precisam ser levados em conta em qualquer interpretação de sonhos. Por exemplo, uma vez adormeci com o rádio ligado e sonhei que meu marido estava abrindo e fechando a porta, tentando encorajar minha filha a entrar no quarto. Fiquei preocupada. De repente eu estava perto da abertura para passar alimentos entre a copa e a cozinha, que não fechava direito, e um tigre sórdido pulou através dela para pegar alguns ossos roídos que estavam perto de mim. Acordei pensando que deveria manter todas as portas fechadas. Foi então que ouvi o rádio, que de algum lugar transmitia as manchetes do noticiário. Uma dessas manchetes anunciava a morte do produtor de espetáculos Larry Grayson, que ficou famoso com o slogan: "Feche a porta!" Ao ouvir a notícia, meu subconsciente fez sua própria interpretação.

Alguns tipos de barulho podem ser internos e não externos, manifestando-se como uma explosão ou um tiro dentro da cabeça, ou às vezes como uma luz branca brilhante. Acredita-se que esses barulhos tenham origem no acúmulo de eletricidade estática, o que estimula a área occipital do cérebro. Entretanto, eles podem ser absorvidos por um sonho.

Distúrbios do sono

Alguns dos fatores que contribuem para os distúrbios do sono também podem afetar os períodos de sonho. Muitos deles podem ser evitados. Por exemplo, assistir filmes de suspense ou de terror tarde da noite, discutir com alguém ou passar por alguma situação angustiante antes de dormir naturalmente estimulam a atividade cerebral. Vários tipos de comida e de bebida também perturbam o sono, inclusive o queijo, o café, os alimentos condimentados ou refeições fartas à noite. Os supostos efeitos das refeições fartas, entretanto, são inteiramente subjetivos e poucos foram comprovados, exceto o fato de que o estômago obviamente também precisa descansar.

O abuso do álcool, contudo, é uma das causas mais comuns dos distúrbios do sono. Ele induz um sono pesado nos primeiros 90 minutos, mas o período REM que se segue mal pode manifestar-se, pois as ondas cerebrais que nos ajudam a sair do sono profundo ficam extremamente lentas. Em vez disso, a pessoa permanece quase todo o tempo no profundo estado Delta. A fase seguinte é de extrema vigília, seguida por um período de sono profundo e intermitente e relutância para despertar de manhã. Isso significa que o sono não consegue seguir seu processo normal, podendo provocar sintomas de ressaca. Os alcoólatras tendem a ter pesadelos terríveis, muitas vezes envolvendo animais ferozes. Eles tendem também a se lembrar dos sonhos em detalhes e o objeto do sonho pode impor-se nas horas em que estão acordados, gerando fobias, alucinações ou paranóia.

As drogas também podem perturbar o sono, pois muitas delas inibem os padrões naturais REM. Entre elas estão as medicações prescritas por um período prolongado, como remédios para asma, os comprimidos para o coração e os paliativos para a digestão, bem como todas as drogas recreativas. As pessoas que tomam drogas podem permanecer nos níveis profundos Delta e seus padrões de sono podem ser alterados. O abandono das drogas pode aumentar os pesadelos e os sonhos angustiantes. Até mesmo as medicações de curto prazo podem exercer um efeito prejudicial temporário sobre o sono REM.

Viagem astral

Nossos sonhos podem ser afetados pelo fenômeno da viagem astral. A experiência de um número crescente de pessoas nos leva a crer que uma parte de nós, conhecida como corpo astral, realmente deixa o corpo físico quando adormecemos. O corpo astral pode percorrer grandes distâncias, e provavelmente é quando estamos nesse estado que sonhamos estar voando. Aqueles que conseguem "ver" o corpo astral concordam que ele se assemelha bastante ao corpo físico e está ligado ao corpo adormecido por um "cordão prateado".

Vários fatores dão credibilidade a essa teoria. Atualmente existem inúmeros casos registrados de experiências fora do corpo, sobretudo relacionados com experiências de quase-morte. Tantas pessoas já descreveram a sensação de estar fora do corpo, de não ter sensações físicas mas ser capaz de ouvir e observar, que atualmente existem inúmeras provas evidentes da existência de um nível de consciência completamente desvinculado da nossa condição física. Eu mesma já passei por uma experiência dessas. Eu tinha consciência de estar sentada em cima de um guarda-roupa — o que na verdade era impossível, pois não havia espaço suficiente —, olhando para baixo, para as formas adormecidas de mim mesma e das minhas duas companheiras de quarto. Embora breve, o momento foi bastante claro.

Um despertar repentino ou uma perturbação faz com que o corpo astral retorne rapidamente ao corpo adormecido. Durante a fase do sonho isso provoca uma sensação de queda ou de batida, ocasionando freqüentemente um desfecho ruim para o sonho. Às vezes um mau alinhamento gera uma sensação de "indisposição", que pode ser acompanhada de dores de cabeça, náusea ou tonturas. O melhor remédio é virar de lado e voltar a dormir, para se realinhar. Mas muitas vezes temos de suportar várias horas de mal-estar antes de nos sentirmos "nós mesmos" novamente.

Aonde o corpo astral vai todas as noites? Existem várias teorias. A principal é a de que todos nós precisamos rever a nossa vida, tendo uma visão geral dela. Isso ocorre durante o período do sonho, quando "pairar sobre as coisas" dessa forma nos permite não apenas ver todo o dia, mas também toda a nossa vida, o que explicaria por que às vezes podemos ver o futuro. É como subir no topo de um edifício ou de um monumento alto em qualquer cidade movimentada. Quando estamos embaixo, no nível da rua, temos bastante consciência dos passeios apinhados de gente e do tráfico intenso. Se subirmos um pouco mais, contudo, poderemos enxergar a uma distância muito maior. Do topo somos capazes de expandir nosso campo de visão e ver tudo o que acontece enquanto as pessoas tratam da própria vida e o tráfico prossegue normalmente. Podemos até mesmo ver acidentes que estão prestes a acontecer, mas seríamos incapazes de fazer alguma coisa para evitá-los.

Segundo outras teorias, empreendemos jornadas por puro prazer, para cura ou para fazer um trabalho de resgate. Existem provas de curas realizadas a distância por intermédio da visita de um agente de cura. Algumas pessoas afirmam ter participado de missões de salvamento durante o sonho, visitando pessoas que precisavam desesperadamente de ajuda e confortando outras que passavam por uma grande aflição.

Portanto, de modo geral, o sonho é um estado bastante ativo. Enquanto estamos dormindo, nosso corpo físico continua a funcionar automaticamente, mas ao mesmo tempo é afetado pelas imagens dos sonhos da "mente adormecida". Sonhar parece ser essencial também para nossa saúde e bem-estar. Se pudermos aprender a interpretar ou até mesmo a influenciar os nossos sonhos, teremos nas mãos um instrumento valioso de cura.

2

O que é cura?

O poder de cura natural do corpo

A cura é uma função espontânea do organismo, que se realiza sem qualquer participação consciente da nossa parte. Quando surge a necessidade, o corpo simplesmente reúne suas defesas. Por exemplo, quando temos um machucado, um corte ou um osso fraturado, nós o lavamos, fazemos um curativo ou engessamos, e deixamos que a natureza siga seu curso. E a cura se realiza. Isso é o que esperamos. Nem sequer pensamos em outra possibilidade.

Para as doenças mais virulentas — viroses, infecções, parasitoses — nossa tendência é procurar ajuda externa. No começo, podemos simplesmente dar uma olhada no armário de remédios, mas normalmente consultamos um médico. O número de pacientes nas salas de cirurgia e nos hospitais mostra que a maioria de nós acredita na capacidade dos médicos e toma os remédios que são prescritos, certos de que irão surtir efeito. Na maior parte dos casos, nossas defesas naturais são capazes, então, de aumentar sua eficiência, acelerando o processo de cura e restabelecendo a nossa saúde.

A maioria de nós já ouviu alguém elogiar o seu médico, dizendo que só de vê-lo já se sente melhor. Na relação médico-paciente, um dá e o outro recebe. Mas, na realidade, ocorre uma espécie de ligação num nível inconsciente, a que a psique do paciente reage, possibilitando a cura. Os animais percebem imediatamente o que está acontecendo e ficam bastante tranqüilos nas mãos do agente de cura. Na verdade, alguns animais até mesmo procuram ajuda.

Doenças crônicas como artrite, alergias ou problemas cardíacos, podem ter origem genética, mas podem ser também uma indicação de que os processos naturais de cura estão obstruídos ou deficientes. Nossas defesas naturais estão fazendo o melhor que podem, mas precisam de ajuda. No caso de doenças como câncer, parece que os mecanismos de defesa nem mesmo reconhecem o problema.

O poder de cura da mente

Nos últimos anos, nossa atitude com relação às enfermidades mudou consideravelmente. Deixamos de considerar as doenças como um problema exclusivamente físico e passamos a adotar uma abordagem mais holística. Hoje em dia, estamos muito mais conscientes de que a cura está ligada ao equilíbrio e de que ela engloba a pessoa como um todo — o corpo, a mente e o espírito. Se tratarmos apenas de um desses aspectos e negligenciarmos os outros, estaremos ignorando a verdadeira fonte do problema.

Portanto, qual a participação da mente numa doença? Os próprios médicos afirmam que 80 por cento das enfermidades são psicossomáticas — auto-induzidas. Por esse motivo, temos de ser bastante honestos com nós mesmos. Será que temos motivos ocultos? Quer dizer, o que ganhamos ficando doentes?

Geralmente as doenças representam um pedido de socorro ou uma indicação de que precisamos mudar nossa atitude. Um exemplo simples é quando odiamos nosso emprego ou então achamos nosso ambiente de trabalho desagradável ou até mesmo insuportável e somos tomados pelo "desânimo da segunda-feira" — um sentimento nebuloso, desalentador e debilitante que nos invade quando acordamos pela manhã e pode persistir durante todo o dia. Não estamos realmente doentes, mas podemos nos convencer a ficar em casa e ir para a cama. Incômodos semelhantes com sintomas sutis e indefinidos podem sobrevir sempre que precisamos fazer algo de que não gostamos, que nos assusta ou nos faz sentir pressionados. O problema é que, embora de forma lenta, esses sintomas podem evoluir para algo mais significativo.

É importante sermos honestos e pensarmos sobre a maneira como nos apresentamos para o mundo. Por exemplo, tenho um problema periódico nas costas e às vezes saio do carro como se estivesse tendo um espasmo, mesmo quando não venho sentindo dores fortes há semanas. Por que a exibição? Por que quero que todos testemunhem minha dor? Meus motivos ocultos — ou o que está por trás das minhas atitudes — é que quero atenção, de qualquer tipo, mesmo que seja a distância. Trata-se da clássica síndrome do "coitadinho de mim".

Se formos totalmente honestos, veremos que a origem de muitas das nossas enfermidades, algumas graves, não passa de necessidade de atenção. Nesse caso, é importante perceber que simplesmente "curando" os sintomas físicos não estamos necessariamente nos fazendo um bem. Se formos curados sem ter compreendido a causa subjacente do problema, em pouco tempo desenvolveremos novos sintomas. Ouça atentamente a linguagem dos doentes crônicos — muitos deles são casos clássicos discretos ou até mesmo camuflados da síndrome do "coitadinho de mim". Precisamos nos perguntar se também não estamos fazendo o jogo dos motivos ocultos.

Em geral as pessoas muito ocupadas raramente adoecem, mesmo quando são expostas a fortes infecções. Pense na maioria dos médicos. Eles estão permanentemente expostos a enfermidades nas salas cirúrgicas e nos hospitais — grandes focos de doenças. Na verdade, qualquer pessoa que tenha contato direto com o público está igualmente vulnerável a infecções. Portanto, por que algumas pessoas nunca ficam doentes?

Uma das maiores defesas no nosso sistema imunológico é a expectativa de que desfrutaremos de boa saúde. Embora a cura seja um processo essencialmente espontâneo, que pode ser auxiliado pela intervenção médica, ela também é bastante influenciada pela mente. Parece que somos o que pensamos: se temos a expectativa de nos restabelecer, a cura se acelera. Sabe-se perfeitamente que os doentes que têm a atitude "certa" melhoram mais rapidamente do que os outros. Existe uma tendência, entretanto, de ficar de fora do processo de cura, de ser passivo e esperar que o médico use sua varinha de condão. Uma vez que aceitemos que podemos fazer parte do nosso próprio processo de cura, milagres podem acontecer.

A cura da nossa vida

Podemos começar a nos ajudar analisando o nosso estilo de vida, pois não podemos esperar ter uma saúde de ferro se ao mesmo tempo cometemos vários tipos de excesso. Não quero dizer que precisemos fazer um regime rigoroso, mas sim agir com moderação. A alimentação é importante; portanto, reduzir o consumo de alimentos com pouco valor nutritivo e aumentar a ingestão de alimentos saudáveis só pode fazer bem. O cigarro, as bebidas alcoólicas e as drogas recreativas podem impedir o bom funcionamento do organismo. O mesmo acontece com a ingestão de comprimidos que não são necessários nem foram prescritos. Quando começarmos a perceber que a maioria desses hábitos causam "dependências", poderemos voltar nossa atenção para os motivos ocultos e, conseqüentemente, para as emoções mais profundas que geram esse comportamento. Os sonhos constituem uma das melhores formas de descobrir nossos sentimentos mais íntimos.

O *stress* pode causar grandes danos à saúde e, no entanto, hoje em dia dificilmente podemos evitá-lo. Lamentavelmente, é como se ele estivesse na moda. Se não excedemos os limites em tudo o que fazemos, deve haver algo de errado conosco — sentimos que somos fracassados, párias ou esquisitos. Acabamos nos tornando vítimas da crença de que temos de competir com nossos pares, ou ser melhor do que eles. Com nossos sistemas em estado permanente de alerta, o organismo sofre todos os tipos de tensão e emoção. No final, ficamos doentes. Precisamos perguntar se vale a pena deixar que algum motivo oculto nos faça ultrapassar nossos limites.

Às vezes nos encontramos em situações em que nos sentimos encurralados e incapazes de mudar as coisas. O pior de tudo é que em várias ocasiões parece não haver solução. Esses impasses são comuns e podem amiúde levar à doença e à depressão. É como se o confronto de duas forças iguais e contrárias gerasse um impasse. Isso é o que ocorre na maioria dos relacionamentos e nas relações entre os seres humanos. Geralmente esperamos que as "forças contrárias" mudem e que as pessoas se moldem de acordo com a nossa vontade. Ao mesmo tempo, entretanto, não vemos razão para realizar mudanças em nós mesmos. O que não conseguimos ver é que, dentro de certos parâmetros civilizados, todos têm o direito de se comportar da maneira que quiser.

Analisando novamente o impasse, talvez possamos perceber que a capacidade de mudar interiormente representa um sinal de força e não de fraqueza. Por menor que ela seja, levará a "força contrária" a alterar sua posição. A situação não será mais a mesma e é nisso que reside o poder de realizar mudanças. Quando fazemos isso, conseguimos nos curar.

O poder de cura da doença

Por mais estranho que pareça, algumas vezes a doença, por si só, pode fazer parte do processo de cura. Na verdade, as pessoas reconhecem cada vez mais que a doença pode representar um importante exercício de aprendizado no caminho para a saúde e o bem-estar. Deixe-me dar um exemplo.

Uma professora de dança contraiu uma doença que a impediria de dançar pelo resto da vida. Bastante deprimida, procurou a ajuda e o apoio da mãe. Entretanto, logo descobriu que não conseguia se abrir com a mãe e ficou furiosa por causa dessa barreira. Conversando com ela compreendi que ela sempre expressara suas emoções por meio da dança e da música. No palco era extremamente expressiva e, portanto, sugeri que ela encontrasse uma música que refletisse seus sentimentos e, mesmo com seus movimentos limitados, usasse-a para exorcizar seus sentimentos reprimidos. A mesma conversa revelou que a dançarina não conseguia expressar verbalmente seus sentimentos profundos. Ela havia usado a dança no lugar da voz para evitar o terrível confronto. Quando percebeu isso, conseguiu abrir um canal de diálogo com a mãe e o seu problema físico foi melhorando aos poucos. Sem a doença, essa descoberta jamais poderia ter sido feita e a cura jamais se realizaria.

A cura de si mesmo

Talvez a melhor forma de definir a cura seja dizer que ela é uma troca de energia, com o agente de cura amplificando o processo. Na autocura, a concentração da mente na necessidade é que causa a amplificação das energias de cura.

Ela pode tomar a forma de orações, visualizações, auto-hipnose, sonhos ou uma simples crença implícita de que a cura é possível. É bom também ligar-se a uma fonte de cura apropriada, que faça parte de um determinado sistema de crença — Deus, Jesus, Maria, Alá, Maomé, o espírito curador, a Deusa, a fonte criativa, para citar apenas algumas possibilidades. Ao iniciar o processo de cura, é importante concentrar-se num corpo saudável ou no corpo recuperando a saúde, e não na doença. É fácil esquecer isso e se concentrar no problema, o que pode inadvertidamente contribuir para agravar a doença.

Na autocura é importante também compreender que em algum lugar dentro de cada um de nós existe, para usar uma linguagem de informática, o programa que nos criou quando estávamos no útero e nos permitiu chegar à idade adulta. Esse não foi um processo consciente; simplesmente ocorreu sem a nossa interferência, o que reforça a premissa de que o organismo pode trabalhar sozinho. Assim, instilando a necessidade da cura nos níveis mais profundos da nossa mente, seremos capazes de acessar esse programa e curar a nós mesmos.

3
O desenvolvimento da cura pelo sonho

Os sonhos e suas interpretações têm sido registrados desde os tempos mais remotos. Um dos primeiros sonhos de que se tem conhecimento é o de Thotmes IV, ocorrido cerca de 1420 a.C. e gravado numa placa de granito entre as patas da Grande Esfinge. Naquela época a Esfinge estava abandonada e começava a desaparecer sob a areia. Thotmes sonhou que iria governar o Egito e que seu reino seria longo e próspero. Ao despertar, viu o estado lamentável da Grande Esfinge e prometeu mantê-la bonita enquanto vivesse. Muitos outros textos hieroglíficos sobre interpretação de sonhos foram descobertos, pois os egípcios acreditavam fervorosamente no poder dos sonhos e dos oráculos e tinham templos dedicados à cura pelo sonho (ver página 38).

O valor dos sonhos é mencionado também nos Vedas e nos Upanishades hindus, datados de 800 a.C., quando An Za Qar era considerado pelos sumérios, assírios e babilônios como o deus dos sonhos. O sonho de Gilgamesh, rei da Suméria, é um dos primeiros e mais famosos já registrados, datando de, aproximadamente, 650 a.C. Ele era constantemente afligido por sonhos, que sua mãe, a deusa Ninsum, interpretava. Gilgamesh foi informado da morte do seu amigo Enkidu em um sonho.

Os primeiros registros da China e do Japão citam freqüentemente o exemplo do Sábio, Chuang-tzu. Ele sonhou que era uma borboleta e tinha consciência de seguir seus instintos como tal. Ao despertar subitamente, percebeu que era um ser humano. Ficou, então, sem saber se era um homem sonhando que era uma borboleta ou uma borboleta sonhando que era um homem.

Tradições oníricas do mundo todo

A história de Chuang-tzu toca num ponto que perturbou grandes pensadores ao longo dos séculos — qual é a linha divisória entre os sonhos e a realidade? Como essa questão está diretamente ligada à compreensão dos sonhos, podemos aprender muito com as culturas que não reconhecem tal divisão.

Para os aborígines australianos, toda a vida evoluiu no período do sonho ou *altjeringa*, *tjukurapa* ou o *Bamun*, dependendo da origem da tribo. Eles acham que sonhamos todas as coisas que nos cercam e que nos relacionamos e interagimos com elas. Os acontecimentos cotidianos, sobretudo o mundo natural que a maioria de nós considera trivial, estão impregnados de forças sobrenaturais.

Segundo o mito da criação desse povo, todas as épocas coexistem simultaneamente. Não existe passado, presente ou futuro. Tudo se encontra no agora. Eles vivem num lugar mágico atemporal e sem localização geográfica. Assim, os nativos australianos acham que estão permanentemente sonhando, e muitas tribos confiam totalmente na previsão dos seus sonhos. Eles têm uma imaginação tão vívida e uma intensidade interior tão grande que às vezes não conseguem distinguir entre o estado de vigília e o estado onírico.

Um exemplo das suas crenças consiste na capacidade que têm de atravessar um país vasto e inóspito. Os membros das tribos sonham com seu animal totem, digamos um canguru e, em seguida, o vêem manifestado no ambiente que os cerca como um animal real ou uma figura entre as árvores, em formações rochosas ou em fenômenos naturais. Esses totens, então, atuam como indicadores de caminho perfeitamente confiáveis.

Os bosquímanos do deserto de Kalahari têm um ponto de vista semelhante. Em *The Heart of the Hunter*, Laurens van der Post relata a dificuldade que os bosquímanos têm de explicar seus mitos sobre a criação em comparação com os mitos dos cristãos, pois consideram que toda a vida deles é um sonho e que eles estão sendo "sonhados" por ela. Portanto, onde começa e onde termina o sonho? Onde está a realidade?

Muitas sociedades africanas atribuem uma grande importância aos sonhos, pois acreditam que estejam ligados ao seu destino. Eles crêem piamente na adoração dos ancestrais e acham que entrando em contato com os espíritos do passado podem adquirir sabedoria. Os sonhos constituem um veículo natural para essa comunicação. Crêem que seus ancestrais estão constantemente zelando por eles e que por intermédio dos sonhos lhes informarão sobre os acontecimentos importantes do futuro, tanto agradáveis como trágicos, o que permite que se preparem para eles. Existem registros de curas realizadas a partir de mensagens captadas em sonhos. Até mesmo decisões políticas são tomadas, de tempos em tempos, com base nos conselhos recebidos em sonhos. Isso pode, obviamente, representar uma faca de dois gumes, resultando em atos negativos. Às vezes ficam convencidos de que os pesadelos na realidade lhes são enviados de propósito e que as pessoas podem utilizar os sonhos para lhes desejar mal ou até mesmo a morte.

O Dr. Roderick Peters, médico que clinicava na região oeste da África, afirma que os pacientes freqüentemente descreviam seus sonhos quando vinham consultá-lo. Era óbvio que faziam uma clara ligação entre o estado onírico e suas enfermidades. Era muito comum os curandeiros locais lançarem feitiço nas pessoas, que acreditavam que os médicos ocidentais eram capazes de retirar. Entretanto, o Dr. Peters cita um caso em que não pôde fazer nada para impedir que uma pessoa perfeitamente saudável morresse num período de oito dias, sem apresentar um sintoma sequer de enfermidade física.

O *Livro Tibetano dos Mortos* descreve o sonho como o estágio intermediário entre a vida e a morte — uma forma de preparação para a transição final. Quando adormecemos, entramos no *bardo* do devir, um mundo de sonhos. Tornamo-nos parte dele e participamos de experiências oníricas que possuem uma realidade própria e acobertam o fato de que estamos sonhando.

Os tibetanos achavam que os sonhos eram vitais para o crescimento espiritual. Se um sonho parecia particularmente significativo ou preocupante, procuravam a interpretação de um sacerdote do mosteiro local. Eles acreditavam piamente que uma parte deles próprios deixava o corpo durante o estado onírico e empreendia uma viagem. Na medicina tibetana esses estados fora do corpo são sempre considerados importantes.

Denise Linn cita um método utilizado pelos tibetanos para lembrar o sonho. Nesse método, a pessoa imagina uma esfera azul reluzente na área da garganta — onde o desejo de lembrar foi colocado — e fixa essa imagem enquanto adormece. Segundo Denise, as pesquisas demonstraram que a parte posterior da garganta controla a atividade do sonho e, quando nos concentramos nessa área antes de adormecer, estimulamos os sonhos.

Linn relata também a forma como os índios norte-americanos utilizavam seus sonhos, sobretudo os Iroquois. Ela diz que as pessoas percorriam grandes distâncias para participar de rituais de encenação de sonhos, que todos os anos eram representados de forma teatral num festival chamado Onoharoia. Os índios norte-americanos consideravam essa representação, chamada de *Ondinnonk*, de importância crucial e achavam que o fato de não compreender as mensagens dos sonhos poderia trazer conseqüências terríveis.

Certas tribos acreditavam no Grande Sonho que governava a vida de cada pessoa. Achavam que cada pessoa tinha um sonho, sonhado dentro do útero e esquecido no nascimento. Características positivas como coragem, criatividade, sabedoria e respeito pelo próximo eram consideradas talentos concedidos nesse Grande Sonho. As crianças eram estimuladas a se lembrar dos seus sonhos e a explorá-los desde pequenas e os rapazes jejuavam até que tivessem visões da sua "canção de vida".

Originalmente, captar os sonhos fazia parte da cerimônia de iniciação de certas tribos. O iniciado tinha de aprender essa arte, fazendo um círculo mágico ao redor de si e, em seguida, incubando suas visões e sonhos. A idéia era captar as mensagens enviadas pelos espíritos no elemento ar contido dentro do círculo. O captador de sonhos representa a expressão física desse rito em particular.

Assim como acontece em muitas outras culturas, os índios norte-americanos achavam difícil estabelecer uma fronteira entre o estado de vigília e o estado onírico. O sonho lúcido — um estado no qual a pessoa consegue controlar o desfecho do sonho — era comum, e o sonho incubado era usado normalmente para ajudar no processo de cura e nas caçadas e para aumentar a fertilidade. Os índios ampliavam os sonhos para possibilitar a cura. Um exemplo retirado do século XVII no país de Onondaga relata o caso de uma garota doente que foi convencida pelo curandeiro de que havia sonhado com nove banquetes. Se tivesse participado desses banquetes, ela estaria curada.

Às vezes uma determinada pessoa ou animal aparece regularmente nos sonhos, oferecendo conselhos e ajuda e dando à pessoa uma sensação de bem-estar e de grande segurança. Esses guias que apareciam em sonhos eram muito comuns e eram tratados como amigos e conselheiros, que podiam ser consultados a qualquer hora do dia ou da noite.

O povo senoi da Malásia é freqüentemente citado na literatura sobre sonhos porque eles norteiam suas vidas a partir de uma perspectiva onírica. Os sonhos cotidianos são compartilhados com os membros da família ou da tribo. A interpretação é realizada em conjunto. São oferecidas soluções para os sonhos difíceis e são tomadas as medidas necessárias para melhorar a vida e as atitudes da pessoa que relatou o sonho. Os sonhos bons são elogiados e os precognitivos reconhecidos e aguardados com os devidos preparativos.

Nos sonhos, os perigos precisam ser enfrentados e os prazeres em qualquer nível, partilhados. Todo sonho deve ter um final claro. A morte é encarada como um fim e, portanto, precisa fazer parte dos sonhos. Os sonhos sobre sexo e amor são apreciados e muitas vezes os amantes recebem orientação por intermédio deles. Como resultado dessa prática, o povo senoi é psicologicamente saudável.

O xamanismo era e ainda é praticado em muitas culturas em todo o mundo e o treinamento do xamã está intimamente ligado aos estados de consciência alterada, envolvendo freqüentemente os sonhos. Em geral essa é uma caminhada difícil e dolorosa e exige grande dedicação. Primeiro, o suposto xamã precisa desenvolver uma disciplina total da mente e do corpo e ter um controle absoluto dos pensamentos e do poder dos pensamentos. Em seguida, ele passa pela iniciação do ritual da morte e o do renascimento que se realiza num estado alterado ou onírico. Embora em muitas culturas esse processo seja induzido por drogas, ele é muito mais poderoso no estado onírico ou durante a meditação, pois o cérebro não é prejudicado ou influenciado por estímulos externos. O novato aprende a fazer contato tanto com seu inconsciente como com o inconsciente coletivo, por meio de um processo que ele pode controlar sozinho a qualquer momento.

Depois de usar o estado onírico para a sua iniciação, o xamã passa a empregá-lo em benefício dos que o cercam. Para realizar uma cura pelo sonho ele utiliza métodos de incubação semelhantes aos utilizados nos antigos templos de sonhos. Orientado pelo xamã, depois de cumprir os ritos de purificação, o paciente semeia seus sonhos e pede pelo tratamento correto que irá curá-lo.

Templos de sonhos

Os templos de sonhos são pelo menos tão antigos quanto os egípcios, que tinham esses templos quando os sacerdotes e as sacerdotisas reuniam as perguntas mais relevantes do dia e as incubavam ou "semeavam" no estado onírico de visionários — um processo pelo qual uma pergunta é implantada na mente de uma pessoa momentos antes de ela adormecer, o que a leva a despertar com a resposta. Os registros egípcios revelam também que a cura pelos sonhos era um processo respeitado e bastante popular e que os doentes dormiam dentro dos templos na esperança de receber a visita do deus da cura, Imhotep (conhecido posteriormente como Asclépio pelos gregos e romanos). O pedido de cura era incutido dentro do sonho com a ajuda dos sacerdotes que, em seguida, faziam a interpretação.

Os gregos e os romanos mantiveram a tradição dos templos de cura, que dedicavam a Asclépio, supostamente tutelado no processo de cura pelas divindades Chiron e Atena. Esses templos se espalharam por toda a Antigüidade. Num determinado período, havia mais de 400 deles e o mais famoso ficava em Epidauro, cujas ruínas hoje podem ser visitadas. Seu símbolo comum era a serpente. Em alguns casos, os doentes até dormiam entre as serpentes para acelerar o processo de cura. Esse símbolo ficou mais familiar como o caduceu — duas serpentes enroscadas e com duas asas na extremidade superior —, que ainda hoje é adotado como insígnia de muitas profissões ligadas à cura, como a Associação Britânica de Medicina.

Os templos de cura eram encontrados também na China e assumiam a forma de santuários especiais, onde os praticantes de meditação sonhavam com visões de Kwan Yin, seu *bohdisattva* de cura. Os templos budistas e xintoístas no Japão tinham oráculos de sonhos para a cura. O doente tinha de passar por certos rituais de purificação para que pudesse receber orientação e ter uma visão da divindade em questão. O santuário xintoísta mais famoso ficava em Kyushi e era dedicado ao deus Hachiman.

A perspectiva moderna

Freud

Devemos a Sigmund Freud (1865-1939) o interesse que hoje temos pelos sonhos. Graças ao seu trabalho, os sonhos não são deixados de lado quando tentamos compreender a personalidade. Segundo Freud, o desejo de viver constitui a nossa principal motivação e, portanto, somos guiados por nosso instinto de procriação — ou seja, o sexo. Ele achava que grande parte das nossas repressões inconscientes se desenvolve na infância, em decorrência da culpa e do conflito com relação à figura de autoridade e, por isso, elas são bastante antigas. Ele afirmava que durante o sono nosso mecanismo de censura interna tem menos energia e permite que os desejos reprimidos aflorem — os sonhos de realização dos desejos. Os sonhos, portanto, revelam uma parte de nós com a qual não conseguimos entrar em contato facilmente.

Para comprovar essa teoria, Freud estimulava os pacientes a falar sobre os seus sonhos e quaisquer pensamentos que eles suscitassem. Dessa forma, eles desenvolviam uma cadeia de pensamentos, posteriormente conhecida como "associação livre de idéias". Entretanto, em decorrência de suas visões rígidas sobre o ímpeto de procriação, Freud se sentia vítima do "efeito do experimentador". Isso representa um perigo para todos aqueles que interpretam os sonhos — a tendência de impor o próprio dogma aos outros, vendo somente o que querem ver. As pesquisas revelam que as crenças, os sentimentos e as inclinações de quem interpreta podem ter uma influência decisiva no resultado. Assim, se ele tiver alguma idéia preconcebida sobre o problema da pessoa que sonhou pode facilmente cometer o erro de analisar os símbolos do sonho somente nesse contexto limitado.

Cayce

Edgar Cayce (1877-1945) atribuía um grande significado aos sonhos. Ele acreditava que eles eram o nosso sexto sentido e afirmava que podemos entrar em sintonia com níveis mais elevados durante o sonho e tomar consciência de tudo o que está se desenvolvendo e do que pode ser projetado para o plano físico no futuro. Na verdade, todo o nosso futuro se constrói dessa forma, o que dá credibilidade aos sonhos precognitivos — sonhos sobre acontecimentos vindouros, um conhecimento prévio das coisas.

Conhecido como o Profeta Adormecido, Cayce era capaz de ajudar as pessoas de várias formas, enquanto estava num estado de consciência alterado, semelhante ao estado onírico. As pessoas levavam seus problemas até ele — físicos, mentais ou espirituais — e amiúde obtinham respostas profundas que os levava a refletir. Nesse estado ele conseguia diagnosticar e curar, e o paciente não precisava nem mesmo estar na presença dele ou na mesma casa. A distância era irrelevante.

Jung

O trabalho de Carl Gustav Jung (1875-1961) provavelmente foi o que mais influenciou a interpretação moderna dos sonhos. Na primeira parte da sua carreira, Jung se juntou ao trabalho psicanalítico de Freud, que o considerava seu "Príncipe Herdeiro". Essa associação terminou por volta de 1916, quando Freud tomou conhecimento de um livro publicado por Jung no qual ele descrevia o simbolismo sexual como parte de uma função simbolizadora mais ampla e a energia sexual chamada libido como parte de uma energia inata, mais geral, do ser humano.

Além disso, Jung retratava o "id" — nome dado por Freud ao conceito da psique primitiva em que o material reprimido era armazenado — como uma camada inconsciente da psique que trazia para a consciência *não somente* o material reprimido mas também os padrões universais e arquetípicos. Trocando em miúdos, arquétipos são imagens, objetos ou símbolos que emergem do inconsciente coletivo, aos quais reagimos sem um pensamento consciente.

Jung elaborou uma lista das 12 personalidades principais que podiam se manifestar no estado onírico (ver páginas 88-97). Desenvolveu também a idéia dos aspectos masculino e feminino, conhecidos respectivamente como *animus* e *anima*, presentes na psique humana. O ideal seria que ambos estivessem em equilíbrio, mas geralmente existe a predominância de um dos aspectos, prejudicando o indivíduo. Juntamente com isso, ele explorou o ego e sua sombra.

Foi Jung quem afirmou que vivemos numa casa linda, a mansão da alma, mas raramente saímos do subsolo. Nos sonhos a casa representa o *self* e cada parte dela tem um significado diferente, como será explicado mais adiante (ver Capítulo 11). Ele conseguiu aplicar essa imagem ao contexto humano. Por exemplo, podemos fazer as fundações e começar a construir a casa, mas nunca terminar. Pode ser também que ela tenha cômodos que jamais serão utilizados ou sequer visitados.

Segundo Jung, os sonhos não somente fornecem uma chave para os problemas atuais, como também nos orientam para que possamos desenvolver todos os nossos potenciais humanos. O importante, contudo, é interpretar o sonho com todas as suas variações e significados simbólicos antes de aplicá-lo à situação de vida. Se não fizermos isso, podemos mascarar os resultados. Nas palavras de Jung, devemos sempre nos perguntar o que o sonho está querendo nos dizer.

4

O mundo estranho dos sonhos

Os sonhos se encaixam em várias categorias que precisam ser identificadas no decorrer da interpretação. Para propósitos de cura, devemos conhecer todas elas, do contrário podemos nos enganar e atribuir significados que não existem. Assim, nossa primeira consideração deve ser o tipo de sonho. Este capítulo identifica e descreve as principais categorias.

Sonhos literais

Os sonhos mais comuns são os literais — uma espécie de retrospectiva diária. Eles tendem a ser lógicos e excessivamente normais, pois são produto do intelecto e não da intuição. Os sonhos literais refletem o mundo exterior como uma fotografia e não como uma composição criativa. Muitas vezes constituem uma recapitulação dos acontecimentos do dia e nos dão a oportunidade de analisar os fatos novamente sob uma nova perspectiva.

Sonhos de realização de desejo

Como foi mencionado anteriormente, os sonhos de realização de desejo formaram a base do trabalho de Sigmund Freud, ainda que atualmente não levemos isso muito em consideração. Eles são extremamente comuns e não encerram significados muito profundos. Alguns exemplos são: estar na companhia de um namorado ou ex-namorado, ganhar somas vultosas, passar férias num local paradisíaco e ser famoso. De certa forma, eles são uma extensão dos devaneios. Entretanto, não devemos menosprezá-los, pois pode ser que estejam tentando nos comunicar algo mais importante. Caso se repitam com freqüência, devemos nos perguntar por que precisamos viver fora da realidade ou refletir se a nossa mente está tentando nos dizer algo sobre as escolhas que estamos fazendo.

Sonhos compensatórios

Essa é uma estranha categoria de sonho, bastante parecida com a do sonho de realização de desejo. Descobriu-se que os prisioneiros dos campos de concentração raramente tinham sonhos ruins ou qualquer tipo de pesadelo. Seu mundo onírico era repleto de magia, beleza e ambientes agradáveis, e as pessoas eram saudáveis e felizes. Teoricamente, esses sonhos compensavam a terrível experiência da vida real.

O inverso também pode acontecer. Por exemplo, uma mulher que tinha tudo o que podia desejar da vida sempre tinha pesadelos assustadores. Neles, o filho e o marido morriam em condições pavorosas. Nenhuma interpretação comum apresentou uma solução e a impressão que se tinha era de que ela havia entrado em contato com o inconsciente coletivo para que esses sonhos compensassem sua culpa por viver com tanto luxo. Pode ser também que fossem sonhos de lembranças distantes (ver página 46).

Devaneios e fantasias

Os devaneios e as fantasias são estados incrivelmente criativos. Sonhamos acordados quando deixamos a mente divagar, e muitas vezes é difícil dizer se estamos acordados ou adormecidos. Ficamos totalmente absorvidos num mundo de fantasia que pode ser extremamente emotivo e produtivo. Trata-se de um estado alterado de consciência. Esse estado bastante relaxado permite que a mente desvende problemas e que os lampejos intuitivos ocorram.

O exemplo clássico dos resultados positivos de um devaneio é o de Arquimedes, que cochilava na banheira quando compreendeu o princípio dos corpos flutuantes. Dizem que ele correu nu pelas ruas aos gritos de "Heureca!" — "Achei!"

O inventor Thomas Edison acreditava com tanta convicção no estado de semiconsciência, que mantinha um sofá em seu laboratório para relaxar e sonhar. Ele costumava segurar uma bolinha de metal para evitar pegar no sono. Se dormisse e sua mão relaxasse, a bolinha caía num prato de metal e o despertava. O fonógrafo e a lâmpada incandescente são resultados dos seus sonhos.

Estados hipnogógicos e hipnopômpicos

Mencionamos anteriormente as imagens hipnogógicas e hipnopômpicas que sobrevêm no período entre o adormecer e o despertar — o mundo do surrealismo. A análise do trabalho dos grandes artistas surrealistas nos possibilita certa compreensão dessas imagens. Com o estranho tratamento que dava aos objetos do cotidiano, Salvador Dalí captava de fato a esquisitice do hipnogógico. Outro exemplo consiste no humor negro dos cartuns de *Monty Python**. Ambos são caracterizados por um sentimento de obsessão e extremismo.

Entretanto, esses sonhos não precisam ser sempre esquisitos e exigem uma observação cuidadosa, já que podem representar reações a um pedido incubado. Uma noite, quando estava cochilando, eu me vi escolhendo uma árvore para plantar em meu jardim secreto (ver página 148). Selecionava algo apropriado como um arbusto de espinheiro, quando ele foi arrancado e substituído por um imenso freixo de galhos nus, como se fosse uma mudança de imagens de um projetor de *slides*. Levei um choque, pois isso tinha um significado importante para mim. O freixo muitas vezes é considerado a "árvore da vida".

Falso despertar

Essa é uma condição interessante em que estamos adormecidos e sonhando, mas pensamos que estamos acordados. Por exemplo, uma mulher sonhou que se levantou pela manhã e realizou sua rotina diária de se vestir, comer e ir para o trabalho, mas acordou e descobriu que nada disso acontecera na realidade. O falso despertar pode ocorrer também durante um cochilo. Acreditamos ter acordado e retomado nossas atividades, muitas vezes desempenhando tarefas importantes e, quando acordamos, descobrimos que nem sequer começamos. Em geral esse é o estágio que precede o sonho lúcido, e quando é reconhecido pode ser usado para nos conduzir a esse estado.

---

* Famoso grupo britânico que fez uma pequena revolução no humor dos anos 60.

Sonhos precognitivos e premonições

Como é possível ver o futuro? Ainda não existem respostas conclusivas. O Capítulo 1 abordou uma possibilidade, a viagem astral ou a experiência fora do corpo. Precognição significa saber algo de antemão; premonição significa uma advertência antecipada, um presságio, sem que se saiba necessariamente o que vai acontecer.

Quando era cabo na batalha do Somme, Adolf Hitler teve um pesadelo no qual estava sendo sufocado pelos escombros de um desmoronamento. Ao acordar, o sonho era tão vívido que ele não conseguia respirar e, por isso, correu para fora. Em poucos minutos uma bomba caiu no abrigo subterrâneo, matando todos os ocupantes. Esse é um exemplo claro de um sonho que mudou a face da história.

Existem vários registros de sonhos precognitivos com grandes catástrofes. Antes do desastre de Aberfan, muitas pessoas sonharam com a avalancha e o pátio da escola sendo soterrado. Minha própria avó sonhou com o terremoto que ocorreu em São Francisco em 1906. O terremoto de Agadir também foi previsto por muitas pessoas. Outras tragédias como o naufrágio do Titanic, assassinatos de presidentes e primeiros-ministros, desastres aéreos e acidentes ferroviários foram previstos em sonhos.

Outro aspecto estranho do sonho precognitivo reside no conhecimento de detalhes e de fatos que deveriam estar totalmente fora do alcance da nossa percepção. Um expoente desse tipo de sonho é Chris Robinson, que atualmente ajuda a polícia a apurar crimes. Certa ocasião ele sonhou com uma cerca alta que estaria ligada a um desastre. Ao acordar, lembrou-se de que essa cerca contornava uma instalação militar e compreendeu que o sonho estava relacionado a uma bomba. Robinson alertou as autoridades responsáveis, que naturalmente pensaram que ele fosse louco ou a própria pessoa que teria colocado a bomba no local. No final, constatou-se que ele estava certo. Chris teve outros sonhos em que descobriu pessoas e corpos desaparecidos e agora é levado a sério pela polícia.

George Cranley sempre sonhava com cavalos de corrida vencedores e, com isso, juntou um bom dinheiro para poder se mudar com um amigo da África do Sul para a Inglaterra. Outro jovem, que pensava em se suicidar depois de perder todo o seu dinheiro nas corridas de cavalo e não conseguir saldar suas dívidas, foi salvo pelo sonho que um amigo teve com a vitória de um cavalo.

As premonições são um aviso claro de perigo no futuro, fato que, obviamente, temos toda a liberdade de ignorar. Os sonhos nos dão a opção de mudar aquilo que podemos mudar e de nos preparar para aquilo que não podemos. Se sonhamos com a morte de alguém, quando ela ocorre na vida real já tivemos oportunidade de superar o choque e fica mais fácil passar por essa experiência. Assim podemos ser mais úteis aos outros e temos a possibilidade de apoiá-los nas horas difíceis.

Exemplos disso são os sonhos — que normalmente ocorrem em épocas de guerra ou de grande *stress* — em que as mulheres vêem o filho, o namorado ou o marido no mesmo cômodo em que estão. As investigações posteriores geralmente constatam que o horário dessa visão coincide com o momento da morte.

Sonhos de lembranças distantes e déjà vu

Sonhos de lembranças distantes são sonhos com vidas passadas, em que temos a sensação de já termos vivido numa outra época. Neles, podemos ter outro sexo e outra idade. Esses sonhos em geral podem ser identificados por sua clareza e simplicidade. Embora não sejam muito comuns, tendem a gerar impressões fortes e duradouras.

Como podemos saber se o sonho se refere a uma vida passada? Na verdade, não podemos. Embora muito poucas pessoas já tiveram contato com o tema de um sonho desse tipo, a maioria de nós provavelmente já ouviu falar dele algum dia, mesmo que de forma passageira, por intermédio de livros, da televisão ou de algum outro meio. Seria sensato, portanto, buscar na memória essas informações anteriores antes de ficar muito entusiasmado. Reiterando, não sabemos o que suscita esses sonhos, a menos que estejamos de fato explorando as memórias de vidas passadas. Há uma teoria segundo a qual algumas doenças são trazidas de vidas passadas, o que explica por que não respondem ao tratamento. Os sonhos de lembranças distantes, portanto, servem como orientação para chegarmos a essa compreensão. Repetindo, com esse conhecimento adicional podemos incubar uma pergunta para obter respostas.

Minha própria experiência com um sonho de lembranças distantes ocorreu faz muitos anos. Sonhei que eu era um padre e estava numa espécie de templo com duas outras pessoas; uma delas era meu ajudante e a outra, o paciente. Havia uma superfície de pedra. Eu sabia que tínhamos de deitar nessa superfície com o paciente entre nós. O trabalho do ajudante era nos dar proteção física. Tínhamos de dormir para que eu pudesse ver o paciente durante o sono e o curar. Na época eu não sabia absolutamente nada sobre Asclépio e seus templos de sonhos e fiquei muito surpresa quando fui informada. Pode ser irônico, mas acabou de me ocorrer que meu trabalho atual é realizar curas por intermédio dos sonhos!

O *déjà vu* é uma experiência que se realiza quando estamos acordados, quando sentimos que já passamos por uma determinada situação. Em geral é como ter sonhado com algo, mas não se lembrar conscientemente. Num ambiente de cura, exemplos de *déjà vu* podem representar estímulos para agir com base em informações recebidas no estado onírico. Pode haver, contudo, outras explicações, como uma antiga lembrança esquecida ou uma experiência de vida anterior. A memorização dos sonhos ajuda a identificar algumas dessas possibilidades.

Existem vários casos documentados de crianças que conduziram adultos a lugares em que nenhum deles havia estado antes. Elas tiveram um sonho precognitivo ou um sonho de lembranças distantes?

Sonhos criativos e capazes de solucionar problemas

Dizem freqüentemente que o melhor momento de lidar com um problema é depois de uma boa noite de sono. Quando dormimos, a mente se desvincula das emoções externas que mascaram e ocultam as soluções. O professor Freidrich Kekulé von Stradonitz, químico alemão que tentava desesperadamente descobrir a estrutura molecular de uma determinada substância química, obteve a resposta que procurava num sonho enquanto cochilava ao lado da lareira. Ele teve várias visões de uma serpente comendo o próprio rabo e reconheceu esse símbolo como a resposta para a sua dificuldade. Essa é a origem do conhecimento do anel de benzeno, no qual todos os motores de combustão se baseiam. É a ele que temos de agradecer o advento do carro a motor.

O interessante é que ele teve várias visões. A resposta obviamente estivera ao seu alcance em várias ocasiões, mas sua mente consciente não registrara o fato. A maioria das respostas às nossas perguntas está à nossa volta. É fundamental ouvir a "vozinha calma", mas não ser governado por ela. Use o discernimento.

Albert Einstein reconheceu que a teoria da relatividade foi resultado de um sonho que tivera na infância, no qual ele descia uma montanha num trenó, numa velocidade tão grande que se aproximava da velocidade da luz. Essa velocidade criou distorções visuais, de modo que, quando ele olhou para o céu, as estrelas e os planetas tinham sofrido transformações com vários padrões e cores. Dizem que ele baseou todo o seu trabalho nesse sonho.

Grandes escritores, poetas, artistas e músicos recebem sua inspiração criativa em sonhos. Robert Louis Stevenson é um desses casos. Ele recebeu histórias completas dessa maneira, como *O Médico e o Monstro* e *A Ilha do Tesouro*. Antes de dormir, Stevenson também costumava contar histórias para si mesmo, que depois eram desenvolvidas durante o sonho — um exemplo claro de incubação.

Alice no País das Maravilhas, de Lewis Carroll, é resultado do sonho do autor. Nesse caso, muitas das imagens são notadamente arquetípicas e simbólicas. A viagem de Alice através do espelho constitui um exemplo clássico de transposição para o mundo dos sonhos.

Dizem que compositores como Beethoven, Schumann, Mozart e Ravel foram inspirados por seus sonhos e realmente ouviam pequenos trechos de música que conseguiam se lembrar ao despertar. Giuseppe Tartini escreveu "*Trillo del Diavolo*" depois de um sonho incrivelmente vívido em que satã tocava violino.

A história nos mostra que muitos homens de visão entraram em contato com o mundo dos sonhos. Há mais de 500 anos, Leonardo da Vinci projetou um avião e um submarino. O trabalho de alguns escritores de ficção científica da atualidade foi inspirado em sonhos e pode muito bem se transformar em realidade no futuro.

Sonhos em capítulos

Esses sonhos não são tão comuns. Eles assumem a forma de uma novela e toda noite apresentam um novo capítulo. Algumas pessoas mal conseguem esperar a hora de ir para a cama para descobrir o que vai acontecer a seguir. Algumas vezes seqüências inteiras são apresentadas na mesma noite, entre períodos de vigília. Esses seriados podem durar uma noite ou continuar ao longo de vários meses, e no curso da história resultaram na produção de grandes romances. Podemos também desenvolver as nossas solicitações de cura, criando personagens e uma história que gire em torno deles.

Graham Greene usou essa forma de sonho em capítulos como fonte de inspiração, geralmente acordando várias vezes durante a noite para continuar a linha da narrativa e desenvolver a trama dos seus romances. Ele mantinha um diário de sonhos que usava para desenvolver suas idéias e relia o que tinha escrito durante o dia antes de ir para a cama. A próxima parte da história, então, desenrolava-se em seus sonhos.

Pesadelos e sonhos recorrentes

Os pesadelos resultam de duas fontes. Em primeiro lugar, como foi mencionado anteriormente, podem representar a interpretação que o cérebro faz de um estado físico real, como paralisia do sono, puxões mioclônicos, ruídos externos ou despertar repentino. Em segundo, podem ser suscitados pela repressão de todos os receios e medos que não conseguimos enfrentar durante o dia. Sonhos de que estamos caindo ou sendo perseguidos são bastante comuns.

Inúmeras imagens assustadoras são retiradas da nossa própria experiência e da experiência coletiva retratada à nossa volta por meio da arte, da literatura e dos meios de comunicação. Quando analisamos os quadros dos primeiros artistas religiosos mostrando a interpretação que eles davam ao inferno e aos demônios, compreendemos por que usamos essas criaturas para nos aterrorizar. Filmes como *Psicose* e *Frankenstein* aumentam ainda mais a fonte de material para pesadelos. Junte o constante bombardeio de imagens da televisão, do rádio e do nosso ambiente em geral e os horrores são infindáveis.

Reiterando, precisamos relembrar experiências passadas para descobrir por que a nossa mente inconsciente optou por certas imagens. Todos os monstros, espectros e pessoas ameaçadoras representam aqueles com quem convivemos, quer seja no trabalho, no nosso círculo social ou em casa. Eles precisam ser confrontados e encarados, o que muitas vezes requer coragem. Até que isso aconteça, os pesadelos continuarão a acontecer. Eles indicam que não estamos lidando com os nossos problemas, e se não o fizermos eles voltarão.

Às vezes é difícil estabelecer uma relação entre as circunstâncias em que estamos no sonho e as que vivemos durante o estado de vigília, pois pode ser que as pessoas e os locais sejam diferentes. A mente que sonha, contudo, reconhece o cenário e faz toda a encenação novamente para que fiquemos mais conscientes e possamos nos libertar de alguns padrões e deixar de cometer os mesmos erros. Esses são os sonhos recorrentes — não necessariamente pesadelos —, que se repetirão todas as vezes que cairmos nas mesmas armadilhas.

Alguns pesadelos, entretanto, também produziram resultados surpreendentes. James Watt, inventor e engenheiro escocês, teve um pesadelo em que caminhava debaixo de uma tempestade de bolinhas de chumbo, como se fossem granizo. Isso o levou a perceber que, se o chumbo derretido fosse jogado de uma grande altura, formaria esferas. Assim, foi descoberto o rolamento ou mancal de esferas.

Outro pesadelo documentado é o de Elias Howe, inventor da máquina de costura. Ele estava tendo problemas para criar o ponto da máquina e sonhou que estava sendo perseguido por índios armados de lanças cujas lâminas possuíam buracos. Percebeu, então, que essa era a posição ideal para o buraco da agulha e começou a produzir as agulhas de máquina que conhecemos atualmente.

Sonhos de vôos e de quedas

Esses são dois tipos de sonhos comuns. Voar geralmente indica uma necessidade de ver uma situação de cima, de ter uma visão geral. Pode também indicar um sonho lúcido (ver item a seguir). Durante o sonho, as pessoas se vêem voando como se tivessem asas, pulando no ar, pairando sobre os campos ou simplesmente flutuando, livres da ação da gravidade, com uma visão panorâmica. A sensação de voar também pode ser uma consciência parcial de uma viagem astral. Muitas pessoas realmente apreciam essa liberdade e relutam em voltar a assumir o peso do próprio corpo. Durante um sonho desses, muitas vezes vemos o nosso corpo de uma grande altura e podemos ter lampejos do nosso estado de saúde. Outra possibilidade é voarmos para a fonte de cura ou de tratamento, para que ao despertar possamos saber exatamente o que fazer.

A queda, em contrapartida, é considerada uma consciência da transição do estado de vigília para o sono. Usamos expressões como "cair no sono", "cair na realidade", ou "cair em si". A volta do corpo astral para o corpo físico freqüentemente ocorre no sonho como uma queda. Por outro lado, a pessoa que sonha poderia estar "caindo em desgraça" ou "caindo de quatro por alguém" — apenas para dar algumas idéias. No contexto da saúde, podemos "cair doentes" ou "cair de cama".

Sonhos lúcidos

O sonho lúcido é uma estranha categoria de sonho que tem sido objeto de extensas pesquisas. Nesse caso, a pessoa tem consciência de que está adormecida e sonhando.

Certa vez, meu filho me contou um sonho em que estava caminhando numa praia de areia úmida, quando deparou com marcas estranhas na areia. Olhando para elas, tomou consciência de que estava sonhando e de que tinha de memorizar essas inscrições para me contar quando acordasse. Ao me descrever o sonho, ele desenhou o que tinha visto. Eram símbolos rúnicos* que indicavam problemas futuros com uma sociedade, o que acabou acontecendo em meu trabalho.

Por meio dessa percepção, podemos controlar e dirigir a seqüência de eventos no sonho. Em outras palavras, podemos mudar o desfecho. Isso é útil sobretudo nos casos de pesadelos. O Dr. Stephen LeBerge, da Universidade de Stanford, pesquisou o sonho lúcido e o comparou a um laboratório ou *playground* onde podemos testar novos comportamentos.

O sonho lúcido nos faz entrar em contato com a parte de nós que cria os sonhos. Isso nos deixa mais conscientes em nossas atividades diárias e possibilita que criemos o nosso próprio futuro, explorando todos os desfechos possíveis durante o sonho. De tempos em tempos, isso afetará o nosso relacionamento com as outras pessoas; portanto, é preciso manter padrões éticos elevados.

Existe outra forma de sonho lúcido que, pelo menos até o momento, ainda pertence à esfera da ficção científica — mas quem sabe? A idéia é a de que alguém treinado em sonhos lúcidos possa entrar nos sonhos de outra pessoa e controlá-los. Por meio de sugestão, pode influenciar essa pessoa a cometer atos alheios à sua vontade. Essa teoria constitui a base de um romance no qual alguém tenta entrar nos sonhos de um presidente e levá-lo a cometer atos perniciosos. O presidente tem pesadelos, pois esses sonhos vão ao encontro de sua filosofia. A manobra é descoberta por um grupo de pesquisadores de sonhos. A missão do herói consiste em entrar nos sonhos do vilão para impedir suas manipulações. No final, o herói consegue fazer com que os projetos do vilão se voltem contra ele mesmo.

Sonhos compartilhados

A história anterior pode ser plausível desde que o sonho possa ser compartilhado. Isso ocorre entre pessoas que estão muito próxi-

---

* Caracteres que compunham a escrita alfabética usada pelos povos germânicos desde o séc. III até o séc. XIV.

mas — mental, emocional ou fisicamente —, por exemplo, na mesma cama. Nesse exemplo, as duas partes participam ao mesmo tempo de um sonho semelhante. É como entrar em contato com um nível local do inconsciente coletivo. Apesar de não ser tão comum, esse fenômeno foi registrado em comunidades inteiras. Em *Your Dreams and What They Mean*, Nerys Dee menciona que a população de aldeias inteiras na Córsega pode ter sonhos semelhantes na mesma noite.

Uma amiga que havia brigado com o marido sonhou que estava dançando numa discoteca ao som da música "Eleanor Rigby". O marido sonhou que estava num show dos Beatles, acompanhando com os pés o ritmo de "Eleanor Rigby". Em outras palavras, eles estavam dançando na mesma sintonia, mas não juntos.

Uma mulher sonhou estar se casando com um antigo amigo da família, que estava muito elegante e aparentando boa disposição. Na mesma noite, a filha desse homem também sonhou que ele estava se casando, mas ela não sabia com quem. Em seu sonho, ele também estava elegante e bem-disposto. Parecia que ele estava firmando um tipo de contrato ou acordo importante, que exigia uma boa apresentação pessoal. Tanto a mulher como a filha do seu amigo estavam conscientes disso. A ligação íntima no sonho poderia significar que a transação tivesse sido sugerida por esta.

Os membros de um grupo, principalmente de um grupo que medite e analise seus sonhos em conjunto, podem descobrir que tiveram um sonho em comum. É possível também explorar a telepatia no sonho. Isso foi objeto de pesquisa do Dr. Ullman, no Maimonides Medical Center, no Brooklyn. Em seu experimento um "receptor" passou a noite ligado a um aparelho capaz de registrar o sono REM. Quando ele entrou no estado REM, um "emissor" em outra parte do edifício escolheu aleatoriamente uma figura retirada de um envelope selado e a enviou mentalmente ao "receptor". A experiência foi coroada de êxito. Isso poderia ser desenvolvido para uma situação na qual um agente de cura envia a cura para um doente. Afinal de contas, você está lembrado dos templos de cura?

Sonhos que possibilitam diagnósticos

Para nos curar podemos criar sonhos desse tipo, perguntando ao nível profundo do nosso inconsciente as respostas ou diagnósticos e tratamentos. Podemos incutir essa necessidade em nossa mente nos momentos que antecedem o sono, solicitando que a resposta nos seja mostrada em sonho. Por exemplo, alguém que está com dores pode perguntar ao seu eu onírico: "Qual a origem da minha dor?" ou "Qual é a razão da minha dor?".

Shirley estava preocupada com uma dor no peito que às vezes era muito forte. A dor só era aliviada quando ela respirava superficialmente. Ela estava com medo de que tivesse alguma ligação com o coração. Todavia, com exceção disso, sua saúde era ótima. Antes de dormir, ela incutiu em sua mente a seguinte pergunta: "Qual a origem da minha dor?" Seu sonho foi o seguinte:

Eu estava no galho de uma árvore quando ele se quebrou e eu caí. Eu percebi que não podia respirar e comecei a entrar em pânico, quando vi diante de mim um cano estreito, na vertical, com várias ramificações. Numa dessas ramificações, havia uma espécie de torneira que se ligava a um cano principal. Girei-a e saíram chamas como um jato de gás.

Shirley lembrou-se de que havia caído de uma árvore quando criança e se machucado gravemente, quebrando talvez uma costela. Ela decidiu, então, tirar um raio-X. O exame revelou que, no lugar da lesão, havia uma ossificação que às vezes pressionava um nervo da coluna. Essa era a causa da dor no peito. Assim, os canos representavam a coluna vertebral e as costelas, enquanto o fato de girar a torneira fez com que a chama/dor se afastasse da lesão. O sonho dissipou suas preocupações iniciais com o coração e a levou a detectar o verdadeiro problema.

Sonhos incubados

Esses sonhos são importantes, pois constituem a característica central da cura pelo sonho. A Incubação consiste no processo de incutir uma idéia na própria mente, momentos antes de pegar no sono. De manhã, muitas vezes temos a resposta ou ela nos acorre ao longo do dia. Na maioria das vezes, isso se realiza de forma totalmente espontânea. Ao controlar esse processo, o ato de incubar ou incutir idéias pode se transformar num dos aspectos mais valiosos do sonho. Eis a seguir o exemplo de um sonho incubado.

Perguntei ao meu eu do sonho sobre um amigo com quem eu estava preocupado. Do nevoeiro emergiu uma forma trajando uma malha de ferro. Parte dela tinha se soltado e esvoaçava ao sabor da brisa.

A imagem passa claramente a idéia de perda de proteção. A malha de ferro poderia representar o sistema imunológico do amigo. Talvez ele estivesse vulnerável a algum tipo de vírus ou até mesmo a inimigos pessoais à sua volta.

Auto-hipnose

Essa é outra forma de incubação. Por meio de auto-análise, tentamos localizar de forma precisa a área da nossa psique que está exigindo atenção. Munidos desse novo conhecimento, podemos entrar num calmo estado meditativo e implantar sugestões pós-hipnóticas em nossa mente, para sonhar com elas. Pode-se dizer que isso se assemelha a uma forma de afirmação, quando procuramos incutir uma idéia em nossos níveis mais profundos. Esse processo pode ser reforçado pela utilização da prática da incubação, nos momentos que precedem o sono.

As pessoas que fazem terapia podem reagir ao tratamento por meio de um sonho. É preciso prestar bastante atenção nesse sonho, pois isso indica que algum ponto importante foi tocado. A terapia pode estimular memórias de sonhos anteriores e dar uma dica de que uma experiência, que passou despercebida, está se repetindo.

Sonhos que curam

Alguns sonhos podem, por si só, efetuar curas. Às vezes entidades que nos visitam em sonho podem administrar em nós alguma forma de tratamento. Eles podem ser nossos guias ou anjos guardiões, ou verdadeiros agentes de cura empreendendo viagens astrais.

O caso do famoso arqueólogo que foi acometido por uma febre altíssima quando estava no Egito é um exemplo desse tipo de sonho. Ele sonhou que recebera a visita de um médico vestido com um paletó preto e uma calça listada, que lhe deu algo para combater a febre. O médico do sonho disse ao paciente que viera da Inglaterra e era chamado com freqüência para realizar curas durante o sonho. Depois disso o arqueólogo se restabeleceu e, quando voltou ao seu país, tentou entrar em contato com o médico por meio do rádio. Um clínico geral da Escócia se apresentou. Ele combinava perfeitamente com a descrição do médico do sonho.

Outro sonho de cura foi vivido por uma mulher que sangrava em profusão e estava bastante debilitada. Ao consultar um especialista, ela descobriu que tinha um tumor. Ficou arrasada e nessa noite teve um sonho. Suas palavras foram as seguintes:

Minha querida mãe que morrera alguns anos antes estava sentada diante de uma mesa, num local bem iluminado, que talvez fosse um depósito. Eu estava sentada do outro lado. "Por que você está tão triste?", ela perguntou. "Dói muito", respondi. Ao ouvir isso, ela se inclinou para a frente lentamente e estendeu a mão para tocar meu umbigo. Então puxou para fora uma massa informe, do tamanho de um caroço de abacate. Estava coberto de sangue e tinha ramificações horríveis.

Na manhã seguinte, ela acordou com uma dor latejante e uma grande sensibilidade na região do umbigo. Na consulta seguinte, o médico ficou espantado ao constatar que não havia tumor nenhum!

5

A cura pelos sonhos (1) — Primeiros Passos

Antes de começar a usar os seus sonhos para se curar, alguns pontos importantes devem ser lembrados. Em primeiro lugar, se você estiver fazendo algum tratamento, deve continuar a tomar a medicação prescrita pelo médico e a seguir as orientações dele. Os seus sonhos irão se valer dos instrumentos que você lhes proporcionou e de acordo com as condições atuais do seu organismo, incluindo os remédios. Em segundo lugar, é essencial compreender que o sonho, sozinho, nem sempre consegue resolver nossos problemas. Precisamos ajudá-lo, mantendo o nosso corpo em boas condições no que diz respeito à alimentação, à eliminação, à respiração e à forma física. É preciso que haja equilíbrio em todos esses aspectos.

Para obtermos qualquer benefício com os nossos sonhos, precisamos estar no controle. Para isso, comece a tomar nota dos sonhos imediatamente. Se tem dificuldade para se lembrar dos sonhos, você deve adotar o seguinte procedimento: quando estiver pegando no sono, diga a si mesmo que se lembrará do sonho. Com um pouco de prática, essa técnica funcionará e você estará pronto para começar a se curar.

Técnica do sonho incubado ou incutido

Esse é o procedimento mais importante da técnica de usar os sonhos como instrumento de cura, e requer pouquíssima habilidade no início. É como um mecanismo de transformação interior, destinado a criar um estilo de vida melhor por meio de mudanças sutis que realizamos em nós mesmos. Se você já sabe como se lembrar de seus sonhos, já começou a praticá-lo.

O método de incubar ou incutir idéias é simples. Primeiro decida o que você quer saber e, depois, pense sobre isso de forma positiva e clara antes de adormecer. O próximo passo importante consiste em se lembrar de qualquer sonho ao despertar. Para fazer isso, formule uma pergunta e peça uma resposta. De manhã, é essencial concentrar toda a sua atenção na descoberta da resposta, pois ela pode vir de várias formas.

Método básico

Para utilizar todo o potencial do sonho incubado, siga o procedimento a seguir:

- Primeiro pergunte a si mesmo o que quer saber. Você quer um diagnóstico? Quer saber de que tratamento precisa? Quer saber o prognóstico (as conseqüências futuras)?
- Em seguida, decida como enviará o seu pedido ao sonho. Você fará um pedido direto ou usará imagens mentais ou afirmações?
- Escreva seu pedido ou mentalize-o.
- Quando for dormir, peça a si mesmo para se lembrar do sonho.
- Quando acordar, tome nota do sonho e faça uma interpretação.
- Fique alerta a quaisquer sincronicidades que ocorram durante o dia seguinte.
- Se necessário, faça novamente a incubação na noite seguinte.

O processo de incubação exige clareza absoluta. Muitas vezes demoramos um pouco para reconhecer que estamos indispostos. Ignoramos esse fato ou o colocamos de lado até que ele exija a nossa atenção. Em muitos casos, nós mesmos podemos determinar facilmente o diagnóstico — um resfriado comum, por exemplo, ou uma dor de cabeça, uma indigestão ou uma indisposição estomacal. Conhecemos, por experiência própria, o tratamento, o período de tempo que vai durar e o resultado provável. Só precisamos lançar mão do sonho incubado se essas queixas comuns persistirem ou impedirem o restabelecimento "normal" da saúde. Nesse caso, fica evidente que, na verdade, não sabemos o diagnóstico.

O importante é que o tratamento seja iniciado e que as medidas certas sejam tomadas. O sonho pode identificar isso, pois o organismo conhece as necessidades que tem. Considere, por exemplo, os desejos que as gestantes sentem. Um exame médico poderia provavelmente comprovar a carência de determinada vitamina ou sal mineral na alimentação. Isso aconteceu durante minha gravidez quando eu tinha uma vontade irreprimível de comer agrião e sardinhas, que possuem um conteúdo de cálcio acima da média. Em outra ocasião, foi chocolate e *curry*, que contêm altos níveis de ferro. Esses padrões ou sincronicidades podem surgir também nos sonhos. Portanto, confie em seu corpo e na mente que sonha.

Pode ser muito útil também ter uma idéia de quanto tempo demora para curar a enfermidade. Isso evita que nos esforcemos demais antes da cura completa. Não podemos carregar móveis logo depois de ter passado por um problema na coluna ou fazer algum tipo de trabalho pesado se tivermos um ferimento na mão que esteja apenas começando a cicatrizar. Esperamos um dia ou dois para que melhore ou cicatrize completamente. O mesmo acontece com nossas enfermidades e a incubação no sonho pode ajudar a determinar o tempo necessário.

Um pedido direto e sem rodeios às vezes requer uma pequena explicação. Clareza é importante, pois normalmente nossos pensamentos são muito confusos. A pergunta deve ser simples e exigir uma resposta simples. Por exemplo, se você perguntar simplesmente o que está acontecendo com você, pode estar se referindo a vários problemas, não necessariamente a uma doença. A resposta, portanto, seria um tanto confusa e teríamos de tentar decifrar quais os pontos que se relacionam com a nossa pergunta. Precisamos ser específicos e fazer perguntas como "Que dor é essa do lado esquerdo do meu abdome?", "O que provoca minha má digestão?" ou "O que me deixa deprimido logo que acordo pela manhã?" Cada uma dessas perguntas pode receber uma resposta direta.

É importantíssimo que a pergunta seja feita mentalmente no mínimo três vezes antes de dormir. Segundo a teoria, a primeira vez que a pergunta é feita ela representa apenas palavras, ouvidas pelo ego; a segunda é absorvida pela percepção consciente e a terceira penetra no inconsciente. Além disso, essa repetição realmente ajuda a concentrar a mente. Algumas pessoas gostam de escrever uma mensagem ou fazer um desenho e colocar sob o travesseiro. Devemos incubar ao mesmo tempo a necessidade de lembrar o sonho. (Lembrarei meu sonho quando despertar pela manhã!) Podemos pedir também que voltemos a cair no sono rapidamente se formos acordados antes de obter uma resposta.

A maioria das pessoas fica desapontada com o fato de o sonho incubado não apresentar resultados imediatos. Não se desiluda, a mente é caprichosa. Ela precisa ser treinada para operar com toda a sua capacidade, como qualquer outra parte do corpo. Estamos tão acostumados com respostas simplistas e imediatas para todas as nossas necessidades que ficamos extremamente impacientes e desistimos rápido demais. Seja persistente.

Como trabalhar com imagens

Algumas pessoas não conseguem expressar totalmente seus sentimentos por meio de pensamentos ou palavras. Nesses casos, é necessário encontrar uma imagem. Se você tiver uma dor, uma erupção cutânea, uma febre ou uma indisposição estomacal, crie uma imagem que, a seu ver, represente essa enfermidade. Você não precisa formar um retrato fiel da doença. Procure uma metáfora adequada. Uma dor, por exemplo, poderia ser representada pela imagem de estar sendo picado por uma abelha, arranhado por um gato ou atingido por um bastão de hóquei. Poderia ser um bate-estaca, uma chama queimando, um porco-espinho. Outras alternativas são uma grande bolha, um riacho de águas vermelhas, uma profusão de luzes intensas ou até mesmo um ruído alto e dissonante. O que importa é que a imagem reflita a sua dor. Em seguida, ela é incutida no sonho juntamente com o pedido de que lhe seja revelado o motivo por que a sua enfermidade está interferindo em sua vida. A própria escolha da imagem também pode dar-lhe uma boa dica.

Vamos analisar um exemplo de imagem mental num sonho incubado. Mary apresentava uma erupção cutânea nas mãos, semelhante a frieiras, sempre que pegava um resfriado persistente. Isso representava um grande problema, pois seu trabalho era embalar comida congelada. Ela imaginou seus dedos como se fossem blocos de gelo e incubou essa imagem em seus sonhos. Mary sonhou que estava sentada no gelo, à luz do dia, com alguns esquimós, colocando cubos de gelo numa frigideira e derretendo-os sobre o fogo. O sonho lhe dizia claramente para aquecer as mãos, que pareciam blocos de gelo. Isso, contudo, era apenas um paliativo. Derreter constantemente cubos de gelo não representaria uma cura, simplesmente um tratamento ou um alívio, algo como um esparadrapo. A verdadeira causa era o que estava criando os cubos de gelo. Em termos de cura, isso é conhecido como o evento sensibilizador inicial. Trata-se do gatilho que dispara todo um conjunto de eventos. O problema não era como descongelar as mãos e Mary, mas sim como evitar o congelamento.

Depois disso, Mary perguntou como evitar o congelamento. Curiosamente, teve quase o mesmo sonho, mas desta vez ela era a esquimó. Suas mãos tinham luvas e estavam aquecidas, e ela estava derretendo gelo para cozinhar peixe e leite. Mary estava percebendo tanto a causa como a cura; ela não tinha se adaptado às condições duras do ambiente de trabalho e estava sendo aconselhada a proteger suas mãos com luvas. O interessante é que tanto o peixe como o leite contêm cálcio, um antigo remédio para frieiras.

Depois de estabelecer uma imagem e trabalhar com ela, chega-se a um estágio mais profundo e mais importante. Mary usou o derretimento dos cubos de gelo como uma imagem para a sua mente trabalhar durante o sonho. Descobriu a causa e o efeito. Entretanto, ela precisava também analisar a causa da causa. Trocando em miúdos, um furúnculo infeccioso e supurado pode ser causado por uma lasca que perfurara a pele. O primeiro tratamento seria a aplicação de um cataplasma para retirar o pus e reduzir a inflamação. Entretanto, embora o tratamento aliviasse o problema, se o estilhaço não fosse retirado a ferida não cicatrizaria e poderia continuar a inflamar.

Outro exemplo de imagem mental ocorreu numa tentativa de curar verrugas. A imagem escolhida por John foi a de vários balões que tinham sido inflados e esvaziados, ficando flácidos e enrugados. Ele incutiu a imagem desses balões em seus sonhos. Foi recompensado com um sonho em que estava inflando novamente os balões com hidrogênio, depois do qual alguns deles subiram e voaram para longe. Pela manhã, as verrugas de John haviam desaparecido de forma tão misteriosa quanto haviam surgido. Depois de várias incubações, todas as suas verrugas sumiram.

Como trabalhar com palavras, afirmações e metáforas

Algumas pessoas têm muita dificuldade para criar qualquer tipo de imagem capaz de resumir seus pensamentos sobre o problema. Conseqüentemente, acham que o método do sonho pode não estar funcionando para elas. Para essas pessoas, as afirmações podem ser a melhor saída. Em vez das imagens mentais, elas podem criar uma metáfora mental, uma emoção, e pedir que a mente a desenvolva durante o sonho. Exemplos comuns de afirmações são: "Eu me amo. Sou uma pessoa útil e prestativa"; "A cada dia meu corpo fica mais forte e saudável"; "A cada manhã minha dor fica mais fraca". Outro exemplo é quando estamos resfriados e não conseguimos respirar. Podemos pedir e incubar a pergunta "O que está me sufocando?" ou "Por que me sinto sem apoio?", no caso de dor nas costas. O livro *Você Pode Curar sua Vida*, de Louise Hay, contém inúmeras idéias nessa linha de pensamento.

Outro aspecto do uso das palavras foi descoberto com o surgimento da programação neurolingüística. A PNL descobriu que as pessoas reagem de forma diferente à linguagem, pois algumas são visuais, outras auditivas ou outras cinestésicas. Quando usamos a linguagem visual com uma pessoa visual, sua compreensão e reação são imediatas, ao passo que se usamos a linguagem auditiva ou cinestésica, pode ser que ocorram mal-entendidos ou que as respostas sejam mais lentas. O mesmo se aplica a todos os três tipos. Isso não significa que a pessoa seja burra, apenas que seu cérebro absorve informações de uma outra forma. Podemos saber em qual dos três tipos a pessoa se encaixa ouvindo cuidadosamente a forma como ela se expressa. Uma pessoa visual dirá: "Vejo que você está melhor hoje", uma auditiva dirá: "Ouvi dizer que você está se sentindo bem hoje", enquanto uma cinestésica dirá: "Posso sentir que você está melhor hoje". Ouça como você se expressa e como reage. Que tipo de pessoa você é? Algumas pessoas são uma mistura de mais de um tipo, mas raramente de todos os três. É importante usarmos o tipo certo de palavras sensoriais para absorção quando estamos preparando a nossa incubação. Devemos usar uma linguagem que tenha um significado claro para nós. Os Capítulos 8 e 9 apresentam vários exemplos de metáforas para as doenças. Leia todas elas e encontre uma que seja adequada ao seu problema. Pode ser que elas desencadeiem suas próprias metáforas.

Como trabalhar com cores e cristais

Algumas pessoas gostam de acrescentar cores às suas incubações. Os atributos das diferentes cores são discutidos no Capítulo 12. Por exemplo, se você estiver sofrendo de fadiga crônica, o acréscimo do vermelho em seus sonhos pode ter efeitos notáveis. O *stress* pode ser tratado com verde e azul.

Colocados sob o travesseiro, os cristais podem promover sonhos intuitivos e inspirados. Eles são úteis nos casos de insônia e de tristeza, após a perda de um ente querido. A obsidiana é boa para os olhos; o crisoberilo, para doenças de pele; o topázio, para pressão arterial; a pedra lunar, para o controle de fluidos e a granada como tônico em geral. Existem muitos outros detalhes sobre essas pedras que podem ser encontrados em bons livros sobre o poder de cura dos cristais.

Na era do computador, estamos familiarizados com a programação de cristais de quartzo e de silício. O quartzo e o quartzo rosa são os cristais usados com mais freqüência para a cura, já que podem ser "programados", ou seja, incubados com vibrações de cura. Eles podem proteger naturalmente, ou mediante programação, contra vírus, infecções e outras enfermidades, o que os torna inestimáveis na cura pelos sonhos. Eles têm a capacidade de absorver e proteger, e podem ser programados e depois colocados para absorver atmosferas negativas em residências, estabelecimentos comerciais e locais públicos. Certamente podem ser usados para limpar tanto o dormitório como toda a casa.

É importante que você escolha um cristal que o atraia. Além disso, antes de usá-lo é bom lavá-lo com água e sabão e deixá-lo secar ao sol. Algumas pessoas gostam de lavar os cristais sempre que fazem uma nova pergunta, para evitarem respostas confusas. Antes de ir dormir, segure o cristal e peça que ele o ajude em seus sonhos. Enquanto o segura, repita três vezes a idéia que quer incubar e, depois, coloque-o debaixo do travesseiro ou ao lado da cama. Outra alternativa consiste em fazer um arranjo de pedras ao redor da cama, colocando uma em cada canto — na cabeceira, nos pés, à esquerda e à direita. Isso cria um clima especial que pode ser entendido pela mente como seu ambiente de cura por meio dos sonhos.

Um passo além

Às vezes, a despeito de tudo, não compreendemos o significado da resposta. Nesse caso, podemos incubar o pedido novamente na noite seguinte, solicitando esclarecimento. Em outras ocasiões, o significado pode ser bem claro e nos ajudar a saber o que devemos fazer para nos curarmos. Mesmo assim, podemos dar um passo além e fazer a incubação para saber qual o próximo curso de ação.

A reincubação pode ser utilizada quando não compreendemos a resposta, quando ela é incompleta ou quando a situação ainda está em andamento. No primeiro exemplo, pode ser que o nosso pedido não tenha sido claro o bastante para obtermos uma resposta simples. Nesse caso, podemos repetir a pergunta ou pedir esclarecimentos sobre o sonho. No segundo caso, podemos solicitar o complemento da resposta ou pedir para ter o mesmo sonho novamente e possibilitar que ele termine. No último caso, pode ser que tenhamos pedido inicialmente um diagnóstico simples, que o sonho ofereceu, e agora queremos saber qual é o tratamento. Nesse caso podemos incubar em etapas.

Às vezes sentimos que o sonho ficou incompleto e que ainda não entendemos a mensagem. Podemos resolver isso de várias formas. Se conseguirmos voltar a adormecer outra vez podemos continuar o sonho. Caso contrário, podemos sonhá-lo novamente outra noite, pedindo para a nossa mente trazê-lo de volta para que possamos trabalhar com as mesmas questões, como no sonho em capítulos. Nesse exemplo, é possível também decidir em que parte do sonho desejamos entrar ou até mesmo pedir que uma cena se repita.

Existe ainda uma outra técnica que podemos desenvolver através da incubação do sonho. Ela consiste em dialogar com os personagens do sonho, sobretudo quando lançamos mão da técnica de sonhar o mesmo sonho. Quando você estiver prestes a adormecer, relembre o sonho e comece a conversar, deixando que o diálogo continue depois que pegar no sono. O importante é o que chamamos de imersão — concentração total e completa durante o processo de incubação.

Técnica do sonho lúcido

Sonhar de forma lúcida significa ter plena consciência de que se está dormindo e sonhando. Podemos adquirir essa habilidade por intermédio da incubação do sonho, mas isso leva tempo. Precisamos pedir à nossa mente para nos avisar quando ela está sonhando, a fim de que possamos nos tornar um observador externo e dirigir os acontecimentos.

Embora a alteração de um sonho, sobretudo de um pesadelo, possa trazer um verdadeiro alívio, saiba que quando você sonha a sua mente inconsciente está tentando lhe dizer algo. Portanto, se você praticar o sonho lúcido e começar a fazer alterações demais, pode deixar de receber mensagens importantes e simplesmente criar um mundo de fantasia ou um *playground* para a sua própria imaginação. É importante, portanto, captar a mensagem inicial do sonho e procurar compreendê-la primeiro.

Por outro lado, só o fato de conseguir ter sonhos lúcidos já é uma mensagem por si só. O propósito do sonho lúcido espontâneo é fazer as alterações apropriadas e possivelmente reprogramar a mente inconsciente. Isso dá à pessoa a oportunidade de tentar novas maneiras de ser ou testar vários resultados até encontrar um que se encaixe no seu estilo de vida atual. Trata-se de outra capacidade desconhecida do cérebro que estamos apenas começando a estudar.

Os sonhos lúcidos muitas vezes são precedidos pela sensação de estar voando ou flutuando e da percepção clara de estar sonhando. O Dr. Keith Hearne, cientista britânico que se dedica ao estudo dos sonhos, fez uma extensa pesquisa treinando pessoas para sonhar de forma lúcida. Ele identificou vários fatores que indicam um sonho lúcido:

- Sonhar que não consegue acender a luz ou ligar qualquer tipo de equipamento elétrico que não esteja funcionando direito.
- Sonhar que consegue voar.
- Sonhar que consegue transpassar objetos sólidos.
- Sonhar que consegue mover objetos e mudar o curso do sonho.

Se o sonho lúcido não for uma experiência natural para nós, podemos usar a incubação para tê-los todas as noites, pedindo à nossa mente para sermos os diretores dos nossos sonhos, para sabermos qual é a sensação de estar dentro do sonho. É preciso muita prática para sonhar de forma lúcida; portanto, não se deixe enganar por aqueles que dizem que você pode fazer isso em poucos dias. Nos laboratórios de sonhos, os voluntários são constantemente despertados do estado REM, na tentativa de fazer com que fiquem conscientes de que estão sonhando.

Depois que adquirimos essa habilidade, podemos associá-la ao processo de incubar o sonho. Podemos direcionar a solução para um determinado problema, para que o resultado seja realmente bom. Por exemplo, para superar uma fobia de aranhas, podemos utilizar um sonho lúcido que nos faça crescer desproporcionalmente, de modo que o tamanho da aranha passe a ser insignificante; ou podemos reduzir a aranha até que ela se torne praticamente invisível. Em ambos os casos, o medo pode ser eliminado. No que diz respeito a curas, no estado lúcido podemos descobrir o melhor remédio para as nossas necessidades. Podemos nos ver no consultório do médico e observar enquanto ele prescreve uma receita para o nosso problema, ou ir a uma farmácia e perguntar qual o remédio de que precisamos.

O Dr. Hearne descobriu que os fatores que causam o *stress* físico estão presentes no estado onírico. Existe tensão e apreensão, sobretudo nas pessoas que sofrem de doenças como a asma. Nos momentos que antecedem uma crise ocorrem mudanças corporais; a respiração torna-se difícil, provocando uma sensação de pânico. Com o método de incubação, a mente inconsciente pode ser alertada para esses sinais, fazendo a pessoa acordar antes que a crise chegue. Os sonhos de diagnóstico também podem ser programados para serem desencadeados pelas mudanças físicas que ocorrem antes do estágio do pânico. Muitos asmáticos têm se beneficiado desse tratamento de autocura.

6

A cura pelos sonhos (2) — Registro e interpretação

"Como posso me lembrar dos meus sonhos?" Essa é uma pergunta comum. Se você acha que nunca sonha ou tem dificuldade de se lembrar dos seus sonhos, siga o procedimento de incubação. Toda noite, quando estiver esperando o sono chegar, concentre-se no seu desejo de se lembrar dos sonhos. Programe a sua mente inconsciente para se lembrar. Diga que ela irá se lembrar pela manhã.

Procure tomar nota do desejo de se lembrar e colocar o papel sob o travesseiro. Trata-se exatamente do mesmo método sugerido pelos sonhos de incubação para resolver problemas. Ao acordar, escreva o que está em sua mente, por mais tolo que possa parecer. Talvez as respostas venham lentamente a princípio, mas não se desespere. No final, até mesmo a mente mais relutante gera informações. Apenas continue a repetir o mesmo pedido todas as noites.

Faça um diário dos seus sonhos. Você pode usar um caderno comum, um gravador, um ditafone (se dormir sozinho) ou uma pasta de arquivo contendo páginas com os itens mostrados na página 74. Decore e personalize seu diário para torná-lo especial. Você precisará também de uma lanterna ou um abajur para escrever. Assim que acordar, anote tudo o que puder se lembrar — palavras, cores, impressões. A mente libera as imagens noturnas quase imediatamente ao despertar, portanto, qualquer atraso pode ser um desastre. Tome nota primeiro das características importantes, já que é preciso mais tempo para registrar o sonho inteiro. É muito fácil ficar absorvido pelos detalhes do início a ponto de se esquecer das respostas mais relevantes para a pergunta. Algumas palavras-chave o ajudarão a manter a seqüência, para que possa descrever o sonho de forma mais minuciosa nos momentos de folga.

Existem várias razões para manter um diário de sonhos. Em primeiro lugar, ele nos ajuda a compreender o que a nossa mente está tentando nos dizer durante o sonho para, depois, colocarmos isso em prática. Em segundo, ele nos permite identificar alguns padrões visíveis ao longo de um período de tempo. Podemos descobrir que os sonhos mais marcantes ocorrem no período da lua cheia, por volta do décimo quinto dia de cada mês, quando encontramos determinada pessoa ou antes de uma entrevista difícil. O padrão pode não ser necessariamente lógico ou fácil de ser identificado — cada um de nós reage a um ciclo de tempo próprio. Entretanto, a identificação de um padrão se mostra particularmente útil quando estamos incubando um sonho para obter uma resposta importante. O pedido pode ser programado para coincidir com o período em que você costuma sonhar mais.

O diário pode revelar que o mesmo sonho — ou outro que expresse um conjunto de circunstâncias semelhantes — sobrevém sempre que determinada situação ocorre na vida real. Reconhecendo o padrão conseguiremos lidar melhor com o problema recorrente, seja ele qual for. Como diz o ditado, um homem prevenido vale por dois. Todas as nossas emoções e temores estão ocultos na linguagem dos nossos sonhos.

Após romper um relacionamento de seis anos, Annwn sentia-se profundamente deprimida. Ao descobrir que seus sonhos mais intensos ocorriam nos períodos de lua cheia, decidiu concentrar-se neles nesse período.

Disseram-me para olhar num espelho. Para fazer isso eu tinha de atravessar, completamente nua, um cômodo repleto de pessoas, incluindo meu ex e sua nova namorada. Tanto ela como eu estávamos tristes. Ela ficava repetindo "Eu estou em forma, não estou?" Cheguei num cômodo cheio de espelhos que refletiam uma pessoa feliz e radiante. Olhei atentamente os reflexos e, de repente, percebi que eram meus e fiquei bastante autoconfiante. Essa sensação maravilhosa tem me acompanhado. Sinto-me confiante e tranqüila.

É preciso registrar no diário a data do sonho e os principais acontecimentos dos dias anteriores e subseqüentes, pois esses dados podem indicar se o sonho representa a resposta para o problema atual. Talvez seja somente uma recapitulação ou ele esteja nos dizendo como lidar com um fato que aconteceu ou está prestes a acontecer, em vez de nos dar uma visão geral do período seguinte da nossa vida. Estamos procurando padrões e também respostas. O fato de acrescentar detalhes da vida real mostra até que ponto estamos sendo influenciados ou vitimados pelas circunstâncias externas. Revela também quando estamos nos sentindo por baixo. Algumas pessoas recebem avisos antecipados de enfermidades como resfriados, gripes ou dores de cabeça. Da mesma forma, conheço uma senhora de idade que analisa seu estilo de vida quando fica doente. Ela descobre o que a está aborrecendo, trabalha isso e logo fica boa. Esse sistema funcionou com herpes e fibromas. "Não preciso deles", ela diz. Assim, o simples fato de manter um diário de sonhos pode proporcionar várias curas, revelando as conexões emocionais com as enfermidades.

Reserve uma parte do diário para as repetições — sonhos, símbolos, imagens ou situações recorrentes. Pode ser apenas uma página, mas irá revelar padrões com muito mais clareza.

Interpretação dos sonhos

A primeira coisa que você deve fazer é um resumo do sonho enquanto ele ainda estiver nítido em sua mente. Seja bastante sucinto, pois nos esquecemos muito rapidamente. De vez em quando pode acontecer de a lembrança de um sonho acompanhá-lo durante todo o dia ou até mais. Isso acontece quando a mensagem precisa ser absorvida e a mente que sonha sente que a mente consciente está se recusando a reconhecer o que está sendo mostrado. Pode indicar também um sonho precognitivo.

Depois de tomar nota dos elementos básicos, desenvolva-os o máximo possível. Os itens relacionados na página seguinte devem ser preenchidos caso o significado do sonho não fique claro imediatamente.

Eis um sonho simples, um tema bastante comum, relacionado com a jornada da vida. "Estou caminhando pela floresta, sem hesitação. Posso ver que estou seguindo em linha reta." Vamos tomar os elementos básicos desse cenário:

Direção: linha reta   *Método:* caminhada   *Esforço:* pouco
Atitude: confiante   *Foco de visão:* para a frente

Podemos interpretar esse sonho como a afirmação de que a nossa trajetória atual pela vida é direta. Temos objetivos claros e nos sentimos confiantes.

Aqui está outra seqüência onírica que utiliza o mesmo cenário, mas para essa pessoa as imagens mentais possuem um significado completamente diferente. "Estou me arrastando pela floresta. A trilha é sinuosa e não consigo ter uma visão clara do que está à minha frente. Tenho de abaixar a cabeça para não bater nos galhos baixos. Sinto medo e quero recuar. Ouço um barulho e me escondo atrás de um grande carvalho." Aplicando o mesmo critério mencionado acima, temos o seguinte:

Direção: sinuosa   *Método:* rastejamento   *Esforço:* hesitante
Atitude: nervosa   *Foco de visão:* à frente, mas obstruída

Eis aqui uma visão da vida inteiramente diferente. Ela mostra que a pessoa que está sonhando está nervosa, não tem metas objetivas (devido à trilha sinuosa), prefere se esconder em vez de enfrentar as dificuldades e tem medo de se esforçar muito para alcançar qualquer objetivo. Dessa forma, analisando a nossa jornada nos sonhos, podemos fazer uma associação com o nosso estilo de vida atual e começar a ver como se encaixam.

Esses são exemplos simples da análise dos sonhos. Você pode fazer interpretações mais detalhadas criando páginas no seu diário com antecedência, usando os mesmos cabeçalhos para todas as páginas e preenchendo-os todas as manhãs. A seguir, apresento dois exemplos de como isso funciona. O primeiro exemplo (na página 75) representa um sonho recorrente.

Uma possível interpretação do Exemplo número 1 é que a pessoa está com fome (de comida, amor ou atenção) e a cozinha representa uma fonte de alimento (ou a falta de alimento). A porta da frente representa o acesso de um ambiente seguro para o mundo exterior, enquanto os cães geralmente representam os amigos. Isso sugere que a pessoa está se sentindo negligenciada e se fechou dentro de si mesma, mas deixou a porta aberta para os amigos. Eles vêm, mas somente usufruem do que ela tem a oferecer em vez de retribuírem com uma amizade sincera, deixando-a ainda carente.

O segundo exemplo (na página 77) mostra como a mesma estrutura pode ser utilizada para interpretar um sonho incubado.

Neste caso, quem sonha não tem controle sobre o sonho e está literalmente se transformando num líquido marrom-amarelado, sendo derretido. O doido varrido é o que ele está ingerindo e que está criando o fluido. Como esse é um sonho incubado, aparentemente poderia tratar-se de uma diarréia causada por algum alimento estragado consumido na cantina da empresa onde trabalha. Ele não será o único a sofrer as conseqüências.

Problemas com a interpretação

O aspecto mais importante a ser verificado na interpretação de sonhos é que geralmente a seqüência de eventos da narrativa está ligada ao significado somente de forma parcial. Por esse motivo, muitas vezes eles parecem tão bizarros. Praticamente todas as imagens do sonho têm um significado diferente. Por exemplo, o pai não é o pai — ele representa uma autoridade, bondade ou proteção. Os aspectos que ele representa dependem dos nossos sentimentos com relação ao nosso próprio pai ou à pessoa que representou um pai para nós. Todos nós temos uma interpretação pessoal das coisas, baseada nas nossas próprias experiências, e que se expressa por meio de figuras ou imagens — chame de hieróglifos pessoais. A mensagem está na representação da imagem. Assim, quando substituímos as imagens por

Exemplo 1

Data de hoje: 12, sábado
Principal acontecimento de ontem: Almoço com amigos.
Próximo acontecimento importante: Darei uma festa.

BREVE RESUMO DO SONHO
Estou com fome, por isso vou até a cozinha. Então, a porta da frente se abre inesperadamente e a casa é invadida por cães que me ignoram e comem toda a minha comida. Não sobra nada para mim.

INCUBADO: Não   **IDÉIA INCUTIDA:** Nenhuma.

TIPO DE SONHO: de Cura, Incubado, Realização de Desejo, em Capítulos/Criativo, Pesadelo, <u>Recorrente</u>, Lúcido, Precognitivo, Sexual, Outro _____

PERÍODO: Passado, <u>Presente,</u> Futuro, Dia, Noite, Madrugada, Meio-dia, Tarde, Meia-noite, Primavera, Verão, Outono, Inverno, Infância, Histórico, Lembrança Distante, Outro _____

PERCURSO: Nenhum.

ATMOSFERA/SENSAÇÕES: Sensação de fome, de ser ignorado, de ser deixado sem nada.

LOCAL: Na cozinha, no hall e na porta da frente.

PESSOAS/ANIMAIS: Cães.

OBJETOS/CORES: Alimentos, pratos vazios.

PALAVRAS/TROCADILHOS:. Nenhuma.

seus significados ocultos, o verdadeiro roteiro aparece. Temos de pesquisar nossos bancos de memória para interpretar os nossos próprios símbolos.

Os sonhos podem ser difíceis de compreender em virtude da sua simbologia própria, mas também podem ser um monte de palavras sem sentido. Nesse caso, precisamos incubar um pedido de que o sonho seja traduzido na noite seguinte. Outro fator importante a que devemos prestar atenção são as metáforas. Os sonhos muitas vezes contêm metáforas da linguagem cotidiana: roxo de raiva, fechado como uma ostra, teimoso como uma mula, entre outras. Essas metáforas poderiam se manifestar em sonhos pela cor roxa, por uma ostra ou ainda por uma mula desempenhando o personagem principal. Características óbvias como essas precisam ser interpretadas tanto de forma literal como metafórica.

Como a mente que sonha trabalha apenas com imagens, tratar o sonho como uma história em quadrinhos muitas vezes ajuda na interpretação, sobretudo quando ele parece ser absolutamente sem sentido. Transforme as principais características em figuras e escreva o significado de cada uma delas.

Cozinha — precisa se nutrir	Hall — passagem que conduz para fora. Cães — amigos. Ignoram-me.	Comem toda a comida. Não repartem comigo. Ignoram-me.	Deixam os pratos vazios. Ignoram-me.
Estou com fome e procuro comida.	Sempre espero que meus amigos me visitem. Quando o fazem, sinto-me invisível.	Meus pretensos amigos me usam e se divertem à minha custa sem dar nada em troca.	Minha vida é muito vazia e solitária.

Exemplo 2

Data de hoje: 12, segunda
Principal acontecimento de ontem: Conversa sobre a cantina do local de trabalho.
Próximo acontecimento importante:

BREVE RESUMO DO SONHO

Estou numa esteira de linha de produção, controlada por um doido varrido, indo em direção a uma grande tina. Estou derretendo e me transformando num líquido espesso marrom-amarelado. Sinto que tudo acabou para mim. Vejo o maluco mexendo o líquido com um bastão.

INCUBADO: Sim   **IDÉIA INCUTIDA:** Preocupação com problemas estomacais.

TIPO DE SONHO: de Cura, Incubado, Realização de Desejo, em Capítulos/Criativo, Pesadelo, Recorrente, Lúcido, Precognitivo, Sexual, Outro _____

PERÍODO: Passado, Presente, Futuro, Dia, Noite, Madrugada, Meio-dia. Tarde, Meia-noite, Primavera, Verão, Outono, Inverno, Infância, Histórico, Lembrança distante, outro _____

PERCURSO: Numa esteira de linha de produção, junto com outras pessoas.

ATMOSFERA/SENSAÇÕES: Com medo, sentindo-se fraco e liquefazendo, sem ter controle da situação.

LOCAL: Nenhum.

PESSOAS/ANIMAIS: Com outras pessoas, doido varrido no controle.

OBJETOS/CORES: Esteira de linha de produção, marrom-amarelada.

PALAVRAS/TROCADILHOS: Nenhuma.

Mencionamos anteriormente a aparente ausência de sonhos, quando não temos nenhuma indicação pela manhã de que o método de incubação tenha surtido efeito. Quando isso ocorre, precisamos ficar atentos às sincronicidades nos dias seguintes. Por exemplo, um dia depois do sonho incubado, você vê chaleiras em todos os lugares aonde vai. Na cozinha, no escritório, em vitrines. Na verdade, elas surgem em todos os lugares que você olha. Você pode perguntar por que um objeto como uma chaleira teria tanta importância. Pense em quantas vezes usamos água fervendo como uma metáfora na vida real. Ela suscita uma imagem imediata para esclarecer uma situação. Portanto, observe se as chaleiras estão em ponto de fervura — prestes a explodir como um acesso de raiva. Ou estão fora do ponto de fervura — em outras palavras, mornas e sem conseguir atingir sua capacidade máxima, demonstrando lassidão ou falta de energia? Demoram a atingir o ponto de ebulição? Isso é um sinal de debilidade ou de depressão? Ou, na verdade, não estão em atividade, mas sendo apenas passivas? Todos esses exemplos podem estar diretamente relacionados com uma doença ou um corpo debilitado. Para encontrar o sinal que aponta o diagnóstico, precisamos verificar como essas chaleiras se apresentam.

Um exemplo surpreendentemente comum de uma mensagem que surge no dia seguinte é o fato de uma canção ficar martelando em nossa mente de forma insistente. Em vez ficar irritado, ouça as palavras. O que elas estão lhe dizendo?

Quando estiver lutando em vão para compreender a linguagem do sonho, tente fazer uma associação livre. Esse método era utilizado por Freud e Jung e consiste em escolher a imagem ou palavra principal do sonho e, em seguida, escrever a primeira palavra que vier à sua mente. Depois disso, escreva a próxima palavra que surgir espontaneamente. Continue fazendo isso até que tenha um estalo e o significado subjacente do sonho se torne aparente. Essa associação pode ser incubada.

Quando um sonho se repete várias vezes, isso quer dizer que simplesmente não estamos entendendo a mensagem. Precisamos ficar mais atentos quando estamos acordados. Pode ser que não estejamos querendo ouvir ou nos dar ao trabalho de realizar as mudanças necessárias. Podemos chamá-los de sonhos insistentes — nossa consciência querendo se comunicar conosco.

Obviamente existem ocasiões em que temos sonhos literais, diretos. Esses sonhos são aqueles que parecem ser um retrospecto ou uma continuação de qualquer coisa que tenha nos acontecido durante o dia. O que os distingue dos outros é a falta de simbolismo. Muitas vezes podemos nos recusar a aceitar cegamente um sonho e passar horas e horas tentando decifrar aquilo que não está ali. Por exemplo, sonhei que estava saindo de casa e não conseguia encontrar as chaves do carro. Depois de muito procurar, achei-as penduradas no gancho em que deveriam estar. Poderia ser fácil tentar ler significados especiais nesse sonho, mas a verdade é que isso acontece comigo freqüentemente.

Compreensão das imagens dos sonhos

O sonho consiste numa série de imagens ou impressões que se apresentam quando a mente está relaxada e num estado de consciência alterado. Nesse estado a mente não está tão ativa e as ondas cerebrais estão ficando mais lentas. Essas imagens são parte de nós mesmos e emergem da mente inconsciente como resultado, na maioria das vezes, de experiências registradas em nossa memória e numa forma de memória ancestral que todos nós compartilhamos.

Formamos imagens em resposta às nossas necessidades ou circunstâncias. Por exemplo, quando ouvimos rádio ou lemos um livro de ficção científica, criamos todo um mundo de imagens, e muitas vezes ficamos desapontados quando o rosto dos atores são colocados nas vozes do rádio ou quando assistimos a uma dramatização de um livro em que o conceito do produtor não se encaixa com o nosso. Mas de onde vêm nossas imagens mentais? Como elas são formadas?

O primeiro período de aprendizado

Pense na mente de um bebê recém-nascido como um pedaço de terra fértil preparado para o plantio, mas sem nenhuma vegetação. Quando a criança respira pela primeira vez, dá início às suas experiências. Cada nova experiência representa uma semente sendo plantada. Não existe distinção entre sementes boas e ervas daninhas. Sempre que uma semente é lançada, ela pode criar raízes.

Entretanto, quando uma experiência é repetida ou se assemelha a uma anterior, uma nova faceta da mente entra em ação. Ocorre o reconhecimento, e os primeiros parâmetros de discernimento são criados. Quando a experiência repetida contradiz de alguma forma um exemplo existente, ela é rejeitada. Quando é reconhecida e aceita, é como se o solo fosse borrifado com fertilizante e a planta crescesse mais forte. Formou-se uma memória a partir da repetição. A mente agora consegue discriminar, consciente de que existem diferenças.

Por exemplo, quando uma criança ganha uma bisnaga e lhe dizem que aquilo é *pão*, ela não questiona essa informação. Se outra palavra tivesse sido utilizada, digamos *tomate*, ela aceitaria, pois não teria motivos para pensar de outra forma. Ela só duvidaria se outra pessoa teimasse em lhe dizer que estava enganada. Mesmo assim, levaria tempo para aceitar o erro.

Espalhar sementes em solo virgem, contudo, é extremamente simples. É a época de fixar conceitos, quando verdades absolutas e concepções equivocadas podem ser semeadas. Esse processo continua a cada nova experiência no decorrer da vida.

A memória e a mente inconsciente

A primeira manifestação de memória constitui o parâmetro. Se não vivemos algo, não temos meios de fazer uma avaliação. Precisamos queimar os dedos para saber o que significa ser queimado e compreender a advertência dos nossos pais, embora apenas a experiência tenha valor real. A memória, portanto, representa um filtro entre o consciente e o inconsciente, e se baseia no reconhecimento. Por esse motivo, as informações que recebemos durante os primeiros estágios não-discriminatórios ficam firmemente estabelecidas.

Como podemos ver, esse aprendizado inicial é muito mais importante do que geralmente percebemos, pois deriva do estágio da vida em que a maioria das associações são criadas. No entanto, esses primeiros anos podem ser os mais negligenciados da educação de uma criança. Tendemos a subestimar — e talvez a nem mesmo compreender — a capacidade de absorção da criança. As primeiras impressões não podem ser erradicadas, mas somente modificadas. A mente de uma criança é como uma esponja; ela absorve tudo. Podemos carregar conosco por toda a vida as informações que absorvemos nessa primeira fase de aprendizado — e parte delas se assemelha a um excesso de bagagem, um estorvo constante.

Portanto, o que é que estamos armazenando? O que são as lembranças? Parecem ser registros de objetos e de como nos relacionamos com eles. A lembrança de uma cadeira está relacionada ao seu formato, cor, estrutura e propósito — mas geralmente existe também uma emoção. Se, por exemplo, lembramos de uma espreguiçadeira que havia em nossa casa quando éramos crianças, com a recordação vem também a lembrança de quem se sentava nela, juntamente com reminiscências de uma época boa ou ruim. A imagem vem para a mente consciente, trazendo consigo todas as suas associações.

Parece que todas as experiências conscientes passam para a mente inconsciente e afloram — solicitadas ou não — ao serem desencadeadas pela memória. Dessa forma, pode-se dizer que toda a consciência é a memória em ação. Todos os elementos novos saem dela.

A memória parece agir como uma biblioteca visual para os sonhos. Sua linguagem são imagens, como a cadeira mencionada anteriormente. Muitas vezes, entretanto, a mensagem que está tentando transmitir não diz respeito à cadeira, mas às idéias relacionadas a ela. Imagine que a cadeira do exemplo era a favorita da sua mãe, onde ela se sentava para relaxar depois de um dia longo e exaustivo. Para a mente que sonha, a cadeira não significa literalmente uma cadeira. Ela está dizendo que a sua parte maternal e acolhedora precisa se recostar e descansar.

É assim que a nossa biblioteca de sonhos é criada. Desenvolvemos uma linguagem pessoal composta por uma série de hieróglifos particulares ou, em linguagem moderna, por computação gráfica. Essas figuras são reunidas em sonhos para expressar o nosso estado emocional. Por esse motivo, os sonhos muitas vezes parecem tão bizarros. Eles não precisam ter um fluxo progressivo claro. O que parece ser uma seleção aleatória de imagens possui uma seqüência oculta de emoções subjacentes ou de circunstâncias ligadas a cada imagem.

Outro fator a ser considerado é que a mente inconsciente parece estar fora do alcance do nosso eu desperto. Ela guarda a memória instintiva e controla nossas reações automáticas. Reage sem intervenção deliberada e, dessa forma, pode dominar nossos atos e emoções, levando a um sentimento de impotência e de falta de controle na vida real, que é fortalecido por combinações. Ela opera num nível mais profundo, e é por intermédio dos sonhos que podemos entrar em contato com ela.

A mente inconsciente consiste num banco de dados de idéias fixas e atos alheios à esfera da razão. Depois que um fato é registrado e transformado em memória, é muito difícil removê-lo — alguns dirão impossível. Se a memória reconhece somente os padrões e os valores antigos, os novos não podem ser aprendidos. É importante compreender que nada pode ser apagado, apenas modificado. Isso cria a necessidade de um processo de modificação para lidar com esse depósito de impressões falsas e verdadeiras, o que nos leva de volta ao sonho incubado. Por meio dessa técnica, podemos ter acesso ao padrão na memória e oferecer alternativas e, quando uma mudança parecer cômoda, essa imagem levemente alterada se tornará parte da imagem original e a enriquecerá.

O inconsciente coletivo

Inconsciente coletivo é o nome dado por Jung para uma área da mente a qual aparentemente conseguimos ter acesso durante os sonhos e devaneios. Para citar um exemplo, descobertas científicas são feitas simultaneamente em laboratórios espalhados em todo o mundo, mesmo quando as pesquisas são mantidas em sigilo absoluto. Como é que grupos independentes estão em busca das mesmas descobertas? Todos sabemos que, quando estamos absortos em pensamentos, refletindo sobre os problemas, num estado de devaneio, parece que somos capazes de entrar em contato com esse espaço indefinido e misterioso.

Outro exemplo é encontrado na literatura e no jornalismo, em que a queixa mais freqüente é a de que "roubaram minha idéia". Pessoalmente, acho que se eu tenho uma idéia nova o melhor a fazer é desenvolvê-la rapidamente e *não* comentar absolutamente nada sobre o assunto. É como se, ao fazer algum comentário, eu a enviasse para o éter e permitisse que outros a desenvolvessem antes de mim. É como se em algum lugar existisse um gigante ouvindo e captando os pensamentos. Entretanto, o mais provável é que essa idéia já esteja "lá fora" e que eu seja um mero receptor sintonizado, o que significa que terei de agir rápido.

Além disso, parece que temos uma forma de memória racial que teria origem no DNA. O DNA contém uma ligação indestrutível com os nossos antepassados. Portanto, ele pode se manifestar de alguma forma instintiva, como ao reproduzir características familiares em membros que viveram separados durante toda a vida, como uma ligação telepática no âmbito do comportamento. Deve-se observar, contudo, que o DNA pode transportar somente a sua própria experiência, e isso geralmente é limitado pela idade dos pais na época da concepção.

O inconsciente coletivo também engloba certos níveis instintivos de ser, comuns a toda a humanidade, e que invocam reações semelhantes em todas as pessoas. Jung chamou esses níveis de "energias arquetípicas", muitas das quais a humanidade antropomorfizou em deuses e deusas. Qualquer estudo da mitologia mostra que esses seres representam atitudes e comportamento e até recebem os mesmos nomes que eles. Os vários panteões espalhados pelo mundo exibem paralelos. Cada tradição tem seu pai, mãe e filho, sua sombra, seu vidente, seus oráculos, sua mística, seu sacerdote, seu agente de cura, e assim por diante. Cada uma representa um aspecto de energia arquetípica. Portanto, uma vez mais as imagens são utilizadas para representar elementos abstratos — emoções e reações.

Os arquétipos e a psique humana

De acordo com Jung, a nossa personalidade tem certas características distintas. Quer sejamos homem ou mulher, ambos temos um lado feminino (a *anima*) e um lado masculino (o *animus*). Como manifestamos claramente nosso sexo na vida real, a orientação e o equilíbrio ficam a cargo do mundo dos sonhos. Por exemplo, uma mulher fraca e dependente que se veja obrigada a tomar alguma atitude objetiva muitas vezes sonha com um homem forte e eficiente, que indica a necessidade que ela tem de desenvolver esse seu lado. Às vezes o sonho pode ser mais sutil e o homem parecer incompetente, mas com habilidade e agilidade mental ele vence seus adversários. Aqui a mulher está recebendo uma mensagem que diz que ela precisa invocar e combinar seu lado masculino com seus poderosos recursos femininos, para encontrar as respostas que procura. O mesmo se aplica aos homens, que podem sonhar com mulheres quando precisam adotar uma abordagem mais branda e utilizar artifícios mais femininos para impor sua opinião.

Assim, o *animus* constitui o lado masculino dominante e prático da mulher, desenvolvido a partir do seu contato com os homens da sua família. Ela toma essa imagem, esse "homem dos seus sonhos", e tenta encaixá-la em todos os homens que conhece. O mesmo acontece com o homem, que, com relação à *anima* se desenvolve a partir do seu relacionamento com a mãe e com outras mulheres. Quantas vezes deparamos com o marido que projeta a imagem da mãe na esposa e vice-versa?

Embora o ego pareça dominar, muitas vezes ele é somente um observador, como se estivéssemos olhando para nós mesmos. A sombra representa os nossos aspectos que nos recusamos a enfrentar. Em *A Dictionary for Dreamers*, Tom Chetwynd sugere que mentalizemos a pessoa que mais detestamos no mundo e a misturemos com o lado mais desagradável de qualquer pessoa que conhecemos, para obtermos uma impressão realista da nossa própria sombra. A sombra está refletida nas pessoas que mais detestamos ou invejamos na vida real. Esse lado sombrio transforma em epítome nossas projeções. Aprendi bem cedo que os aspectos de que não gosto na maioria das pessoas são, na realidade, meus piores defeitos. Mas isso não é necessariamente feio; representa simplesmente o outro lado da moeda.

Logo, a primeira coisa que precisamos descobrir é qual dos nossos aspectos essa pessoa ou pessoas representam. Muitas vezes é difícil identificar; portanto, vale a pena analisar as energias arquetípicas que elas podem representar. Somos multifacetados e literalmente todas as características mencionadas a seguir mais cedo ou mais tarde se manifestam em nós. Veja se consegue se reconhecer.

O princípio feminino

Para muitas pessoas, o feminino constitui a epítome do princípio da Deusa. Geralmente, a primeira coisa que nos vem à mente é a velha sábia, a mãe terra, nossa ligação feminina com a fonte de toda a sabedoria e com o inconsciente coletivo. É a ela que recorremos nos momentos de necessidade, sobretudo como uma mediadora entre nós e as forças criativas supremas.

O princípio feminino se manifesta na forma de certas qualidades. Ele é visto como sábio, acalentador, engenhoso, receptivo, intuitivo, reflexivo, sensível, emotivo, delicado, sentimental, zeloso, misterioso, virginal, namorador. Vemos também o reverso, a mãe terrível que nos disciplina, a terra que se rompe à nossa volta — rígida, dominadora, possessiva, tacanha, ingênua, fraca, fria, dura, desleixada, sensual, erótica, enfeitiçante, ardilosa, má.

O princípio feminino se manifesta em quatro aspectos principais, cada um deles com duas faces. Os papéis que ele desempenha são os seguintes:

A Mãe (a Matrona) — *expansão/absorção*

Estamos todos familiarizados com a imagem da Mãe — a Virgem Maria, a mãe ninando o filho, amenizando suas dores, amamentando um bebê, cozinhando, levando as crianças para a escola, desempenhando tarefas domésticas. Todas essas imagens estão relacionadas com aconchego, zelo e delicada proteção.

A Mãe apresenta outra face. Ela pode ser excessivamente agressiva, sobretudo em defesa dos filhos. Pode ser possessiva ou pateticamente exigente. Pode ser totalmente negligente, voltada para si mesma e desleixada. Pode se recusar a soltar as amarras e permitir que seus filhotes voem. Ela devora.

Portanto, quando sonhamos com uma figura materna, primeiramente precisamos nos perguntar o que ela significa para nós. Em quais dessas categorias ela se encaixa? Como foi o nosso relacionamento com a nossa mãe ou com a mãe dos nossos amigos? Precisamos ser mais zelosos ou estamos devorando e sufocando aqueles que nos rodeiam?

As mulheres que exercem cargos de chefia e as sogras podem estar incluídas nessa categoria.

A Donzela (a Princesa) — juventude, espontaneidade/erotismo

Essa é a princesa de todos os contos de fada, a imagem da juventude imaculada, a expressão da leveza e da felicidade. Ela é a jovem heroína cheia de expectativas, que ainda não conheceu a realidade da vida adulta. Apesar de ainda estar no estado virginal, pode também ser a mãe solteira inocente.

Seu outro lado é a jovem sagaz, a garota que amadureceu antes do tempo. Talvez tenha precisado desempenhar o papel de mãe dos irmãos. Muitas vezes tem algo de selvagem. É encontrada no papel da sedutora (Lolita), da prostituta ou da mãe solteira por opção.

Quando essa personagem aparecer em seus sonhos, analise esse seu aspecto, qualquer que seja a sua idade. A Donzela pode aparecer quando estamos mais velhos, quando precisamos entrar novamente em contato com essa parte de nós mesmos. Estamos ansiando por essa época jovem e inocente, quando não tínhamos responsabilidades — ou conseguíamos nos esquivar delas ou até mesmo nem sequer aceitá-las. Pode ser que estejamos complicando a nossa vida e precisemos voltar a levar uma vida mais simples. Precisamos cultivar essas qualidades características das Donzelas. Em contrapartida, talvez sejamos inocentes demais e devêssemos adquirir uma maior maturidade. Para as mães, essa imagem pode representar algum aspecto do seu relacionamento com as filhas. Existe, amiúde, uma troca inconsciente de papéis. Pode ser também que a imagem esteja ligada a colegas de trabalho, amigas ou simplesmente fantasias ou desejos.

Irmãs, sobrinhas, noras, namoradas e colegas do sexo feminino se encaixam nessa categoria.

A Mulher Madura — intelecto positivo/negativo

Em sua forma positiva, a Mulher madura é a executiva, a intelectual, muitas vezes solteirona e voltada para si mesma. Ela é a tia solteira, a governanta, a profissional dedicada. Mas aparece também como a mãe cujos filhos cresceram e partiram, que está completamente absorvida consigo mesma ou que se dedica a obras de caridade para preencher o vazio da sua vida. Na maioria das vezes, existe um desequilíbrio em sua personalidade. Suas características predominantes são uma necessidade de se virar sem os homens ou de tratá-los como seres inferiores.

Sua outra forma é a da caçadora, que usa o intelecto para laçar os homens e, embora os menospreze, lança mão de todas as formas de sedução para alcançar seus objetivos. Ela é quem dá o primeiro passo num relacionamento. Trata-se de uma personalidade dominante e poderosa que não hesita em usar as pessoas e descartá-las quando não servem mais aos seus propósitos. Pode também ser vista na mulher que se envolve em várias aventuras amorosas, com uma intensidade frenética. Pode ser descrita como o "lobo em pele de cordeiro" — a mulher mais velha que finge ser adolescente, incapaz de aceitar o envelhecimento. Apesar da sua má reputação, os homens não conseguem resistir a ela, pois ela representa de certa forma a necessidade latente que eles têm de uma mãe e de transferir responsabilidades — uma mulher que está no comando. Com ela, eles não precisam se preocupar com as conseqüências.

Quando esse aspecto aparecer em seus sonhos, pergunte-se se você está ficando muito imersa em seu trabalho. Você está partilhando o suficiente? Deixou-se absorver tanto a ponto de perder a perspectiva e chegar ao desequilíbrio? Existem grandes lacunas em sua vida? Ou será que você busca aventuras de uma noite só, na tentativa de evitar compromissos duradouros? Talvez se sinta demasiado estressada e carente e queira simplesmente fechar os olhos e deixar todos os problemas para os outros.

Tias, irmãs mais velhas, amigas, sogras, patroas e colegas de trabalho se encaixam nessa categoria.

A Sacerdotisa/a Feiticeira — bondade intuitiva/maldade intuitiva.

Essas mulheres você pode encontrar em qualquer tipo de relacionamento. Esse é o lado intuitivo da mulher. Essas pessoas parecem ser capazes de ter uma visão objetiva de uma situação. Elas têm uma maneira clara de pensar e não são vulneráveis à coerção ou à manipulação tacanha. Embora aparentemente tenham sempre as respostas, não se pode confiar nelas, pois tendem a desaparecer quando menos se espera. Deixam sempre uma impressão clara de ter contatos poderosos em todos os lugares, pois invariavelmente tomam as decisões certas. Muitas vezes não querem ou não conseguem racionalizar.

Seu reverso é a mulher ardilosa, que destrói com uma palavra, que destila veneno e roga praga por puro prazer. A personagem aniquiladora que aponta falhas em tudo — sempre, obviamente, com a "melhor das intenções" e da "forma mais simpática possível". Curiosamente, muitas vezes ela é a "benfeitora", já que esse papel pode ser encarado como uma forma de se engrandecer diante dos outros e não como altruísmo.

Quando essas senhoras aparecerem em seus sonhos, tente ver seus motivos com clareza. É importante distinguir a ação objetiva para o bem de todos da atitude manipuladora em benefício próprio.

O princípio masculino

É importante perceber que o masculino não é o oposto do feminino, mas sim o complemento. Assim como acontece com a mulher, cada aspecto do homem tem seu lado inverso. O velho sábio é a epítome de todos os princípios positivos do *animus*. Ele é Deus e pai, a fonte de toda a sabedoria cósmica, o criador de tudo, o mentor. É o personagem que invocamos e a quem oramos sempre que precisamos, o princípio do pai externo, o conselheiro e protetor supremo. Em sua faceta negativa, representa a ira de Deus, impondo castigos por mau comportamento. Ele não tem misericórdia.

O Pai — proteção/medo

Em geral, o Pai representa o provedor. Ele é o caçador/coletor, aquele que preserva a raça e procria. Seus principais papéis no ambiente familiar são os de autoridade, provedor e protetor. Ele representa também idéias e padrões a serem seguidos. Nós o olhamos com respeito e buscamos sua aprovação.

Sua outra face é ser temido. O personagem autoritário, que não admite discussão. Muitas vezes sádico e perverso, é capaz de levar o castigo e a crueldade ao extremo. É o ogro opressivo, que nos priva da nossa individualidade. Pode ser também aquele que comete abusos sexuais.

Portanto, quando o Pai aparecer em seus sonhos, veja em qual das descrições acima ele se encaixa. O que, na verdade, ele está representando para você? Ou você tem um traço que precisa de atenção ou existe uma força externa se infiltrando em sua vida cotidiana. Trata-se da autoridade benigna ou da ameaçadora?

Pais, tios, irmãos mais velhos, sogros, patrões e amigos dominadores estão incluídos nessa categoria.

O Herói (Príncipe) o Vagabundo (Palerma) — ação/inação

O Herói é o jovem com ideais nobres, pronto para descobrir o mundo. Moço, forte, idealista e inocente, inexperiente e imaculado, ele é também o sonhador ou poeta, capaz de grandes realizações. Tem uma grande confiança em si mesmo, em suas idéias e em suas intenções de transformar o mundo. Como amante, é mais platônico do que ardente e seus beijos são puros.

Seu outro aspecto é o Vagabundo, o vadio, aquele que pensa que o mundo tem a obrigação de sustentá-lo. Ou pode aparecer como o Palerma, constantemente subvertendo a ordem natural das coisas. Ele não quer dar qualquer contribuição e geralmente, assim como Peter Pan, é eternamente infantil e irresponsável. É dado à procrastinação e ao desleixo. Sexo para ele representa uma forma de gratificação física.

Irmãos, namorados, sobrinhos, genros, colegas de trabalho e patrões fracos se encaixam nessa categoria.

O Guerreiro/o Vilão — intelecto positivo/negativo

O Guerreiro é o homem maduro, calejado pela vida. Ele está aberto para o mundo, porém mais num nível mundano do que espiritual. Exibe bastante vitalidade e agressividade e está preparado para o que der e vier. Pode ser bastante protetor e possessivo e se preocupa com os aspectos materiais e os ganhos pessoais. Muitas vezes é o professor.

O Vilão tem várias facetas. Pode aparecer como o canalha grosseiro que vive de expedientes desonestos ou como o pateta que tropeça em tudo o que aparece na sua frente. Outra faceta, entretanto, é o velhaco sagaz, que também faz uso negativo do seu intelecto. Muitas vezes usa sua maturidade para ludibriar os mais jovens e inocentes.

Colegas, tios, irmãos, sobrinhos e genros encontram-se nessa categoria.

O Sacerdote/o Mago Negro — bondade intuitiva/maldade intuitiva
Esse arquétipo pode ocorrer em qualquer tipo de relacionamento que você tenha. O Sacerdote representa ideais bastante nobres e parece retirar sua sabedoria de fontes mais elevadas. Ele simplesmente sabe, sem nenhuma necessidade de razão lógica. É ele quem mostra a direção dos caminhos tortuosos da vida. Apesar da tendência a ser ritualista, é bastante objetivo e altruísta. Pode ser como um mentor, um guru ou um guia pessoal.

Em contrapartida, o Mago Negro é o megalomaníaco. Tudo o que faz visa somente o ganho pessoal. Usa de todos os meios que pode para alcançar seus fins. Hipnotiza deliberadamente e usa a inocência alheia em benefício próprio, sem medir as conseqüências. Procura seguidores para fazer uma lavagem cerebral e formar sua base de poder. Bastante sutil, raramente suas facetas são descobertas. Tem tendências quase vampirescas.

O Tolo/o Bobo da corte/o Palhaço
Essa é uma personalidade interessante, pois geralmente representa um disfarce. Se considerarmos a concepção shakespeariana de Tolo, veremos que ele realmente é o sábio ("Muitas verdades são ditas em tom de brincadeira"). Ele usa o riso e o gracejo para aliviar climas pesados e situações constrangedoras. Em sua "aparente" inocência consegue "penetrar onde os anjos temem pisar", forçando literalmente os outros a analisar situações de um outro ângulo. Jamais se deve menosprezar o Tolo sem fazer uma análise.

Entretanto, ele tem outra faceta — a do Tolo genuíno, que está sempre fazendo papel de bobo. Você pode encontrá-lo no eterno palhaço, cujo humor forçado e artificial é extremamente maçante. Ele não é engraçado nem esperto. Esse tipo de comportamento representa um grito de socorro, uma necessidade desesperada de receber atenção a qualquer preço.

A Criança

A Criança em geral constitui a epítome da inocência, da curiosidade, da absorção e do crescimento. Ela é como um livro em branco ou algo maleável que pode ser moldado de acordo com o desejo e os ideais dos outros. A criança é como uma esponja que absorve e é afetada por tudo aquilo com que entra em contato. Dessa miríade de experiências, ela cresce. Sua própria inocência tem uma sabedoria que geralmente parece estar bem à frente da sua idade.

A outra face da Criança é a da destruição e da hiperatividade. Nesse nível, a inocência é substituída pela sagacidade. Na verdade, algumas crianças são bastante cruéis. Até mesmo têm consciência do sexo e estimulam a libido deliberadamente sem ter uma noção clara das conseqüências.

Muito trabalho pode ser feito com a Criança Interior que sofreu abusos freqüentes, sejam mentais, físicos, ambientais ou morais — na verdade, em todos os níveis do seu ser. Pouquíssimos de nós escapamos ilesos de alguma forma de doutrinação negativa na infância.

Criaturas míticas

A imaginação humana inventou criaturas míticas como uma forma de explicar o inexplicável. A elas atribui-se também um significado arquetípico. Várias culturas combinam animais com seres humanos para criar uma mistura de características diferentes.

Inventamos monstros como uma forma de lidar com os nossos medos. Eles podem assumir qualquer forma, mas muitas vezes estão ligados às nossas primeiras experiências com mitos e contos de fada, e atualmente à televisão e aos filmes. Eles indicam claramente nossa recusa em enfrentar os terrores na vida real.

O centauro é uma combinação de homem e cavalo. Ele reúne a inteligência e as habilidades do homem com a velocidade e o impulso do cavalo, e representa o lado do instinto inferior manipulado pelo intelectual. O Pégasus — ou cavalo alado — é um mensageiro; ele reflete as energias inferiores tentando se suavizar e se transformar.

O dragão, presente em culturas de todo o mundo, é considerado uma versão voadora da serpente. Alguns o vêem como a epítome do bem; outros, do mal. Ele pode representar a força da vida e as energias sexuais, pois possui ao mesmo tempo as qualidades purificadoras e transformadoras do fogo. Pode representar também temores íntimos profundos, e a morte de um dragão é uma imagem extremamente poderosa. Os dragões muitas vezes guardam tesouros, portanto, o fato de sonhar com eles pode trazer um grande alívio e levar à descoberta de coisas que você não sabia que possuía.

A fênix ressurge das cinzas e, portanto, está ligada à transformação e ao renascimento. Algumas vezes precisamos destruir simbolicamente todas as circunstâncias presentes e transformar os restos em alguma coisa nova.

O unicórnio é um dos animais míticos mais famosos e em geral representa pureza, virgindade e altruísmo, embora para algumas pessoas ele seja fálico e simbolize a sexualidade. Tanto pode ser agressivo como gentil. Antigamente pensava-se que seu chifre tinha propriedades rabdomânticas e a capacidade de conseguir detectar e extrair veneno. É uma imagem lunar e, na heráldica, ele aparece como o pólo oposto do leão.

Outros seres

Desde tempos remotos, os anjos apareciam em sonhos como mensageiros. Existem vários exemplos registrados na Bíblia. Às vezes eles podem ser interpretados como um anjo guardião ou até mesmo como o eu superior. Seu significado geralmente é o de um ser elevado e ligado a níveis mais altos de consciência.

A maior parte dos anjos conhecidos são arcanjos, e alguns são reconhecidos como tal. Se aparecerem em seus sonhos, ouça o que eles têm a dizer e procure as mensagens que estão por trás de quaisquer associações.

Extraterrestres freqüentemente aparecem em sonhos hoje em dia, e normalmente indicam que a pessoa está se desviando para um território com o qual não está familiarizada, onde as coisas são estranhas e irreconhecíveis. Podem também ser guias que trazem mensagens de níveis de consciência aparentemente externos. Geralmente precisamos aprender sua linguagem e analisar com cuidado em vez de adotar uma atitude de menosprezo.

A realeza e as celebridades são comuns em sonhos e em geral indicam necessidade de fama ou reconhecimento público. O fato de estar na presença dessas pessoas também ressalta a própria importância. Entretanto, não se esqueça de que as pessoas do teatro não são o que parecem. Elas estão desempenhando um papel e podem estar passando uma imagem falsa.

Os ancestrais normalmente indicam uma necessidade de analisar o nosso passado em busca de respostas. Somos todos o apogeu da existência de muitas gerações e, por intermédio dos nossos genes, temos acesso a todas as experiências daqueles que nos antecederam. É isso que nos permite ter sonhos de lembranças distantes e explorar regressões a vidas passadas. Assim, quando sonhamos com nossos ancestrais ou com nossos avós, estamos sendo levados a olhar para trás e a recorrer ao passado em busca de solução para os problemas de hoje.

Fantasmas são aparições que nos assombram; essa é a dica para descobrirmos seu significado nos sonhos. Eles representam algo de que somos incapazes de nos libertar. Por esse motivo, ficam por perto, surgindo toda vez que um padrão é repetido. São também coisas através das quais podemos ver, e podem indicar que estamos enxergando algo pela lente da ilusão. Ao compreender sua fonte, ajudamos a libertá-los. O sofrimento atroz pode levar a pessoa a se apegar aos espíritos dos mortos, gerando fortes sentimentos de culpa e preocupação para a alma do ente querido que morreu. Os sonhos nos ajudam a reconhecer esse fato e a cortar os elos que nos prendem a ele.

Esporadicamente, os fantasmas podem nos ser enviados por meio do pensamento de alguém que esteja pensando constantemente em nós. Esses assédios não são necessariamente negativos ou ruins, apenas incômodos. Uma maneira simples de eliminá-los consiste em pedir com tranqüilidade e firmeza que voltem para o lugar de onde vieram.

8

Compreensão dos sonhos (1) — Os sistemas do corpo

Este capítulo analisa os principais símbolos oníricos, os tópicos do subconsciente em torno dos quais tecemos a trama das nossas emoções, esperanças e temores. Levando em consideração que somos nós quem criamos todas as nossas imagens mentais com base em nossas experiências pessoais, se seguirmos essas dicas poderemos usar o bom senso para descobrir como as imagens se entrelaçam.

Trocadilhos e metáforas relacionadas ao corpo

O corpo provavelmente é o símbolo mais utilizado pelo sonho, cada parte dele representando algum trauma emocional. De certa forma, cada enfermidade física constitui uma metáfora para um padrão inconsciente de pensamento, a manifestação de uma atitude que começa na mente. Uma forma simples de compreender isso consiste em analisar o significado de cada uma das partes do corpo, ao qual podemos acrescentar nossos significados pessoais. Veja como elas são representadas em seus sonhos e interprete essa associação. Procure por metáforas. Assim, quando sonhamos que estamos com o nariz entupido, podemos perguntar: "O que está congestionando a minha vida?" Essa pergunta simples poderia levar a uma percepção imediata de algum desequilíbrio em nosso estilo de vida. Quando pegamos um resfriado é como se alguém estivesse gritando para chamar a nossa atenção, porque estamos nos recusando a ouvir. Trata-se de um aviso que deveria nos colocar em estado de alerta e que freqüentemente aparece em sonhos muito antes do aparecimento da doença. Entretanto, em geral estamos alheios demais para perceber. Um grande número de enfermidades pode encontrar explicação nessas metáforas. Portanto, é importante procurar uma que pareça se encaixar e, caso você não compreenda imediatamente as circunstâncias que estão por trás dela, incuta essa idéia no sonho para submetê-la à análise.

Um exemplo desse tipo de metáfora é sonhar que "está puxando os próprios cabelos", o que pode evidenciar uma grande preocupação. Sonhar com queda de cabelo pode ser uma tentativa de transmitir a mesma mensagem. É espantosa a freqüência com que os fatos e a analogia estão inter-relacionados. Nesse caso, procurar manter a calma e ao mesmo tempo cuidar da saúde do cabelo pode fazer com que o problema desapareça naturalmente.

Os problemas também podem chegar ao nosso conhecimento da forma inversa. Podemos, por exemplo, ter uma queda de cabelo que não responde aos tratamentos comuns. Nesse caso, pedimos à mente que sonha para nos ajudar, e sonhamos que estamos andando de um lado para o outro sem parar.

A forma mais fácil de compreender essas metáforas e as doenças nos sonhos é dividir o corpo em sistemas, pois o problema freqüentemente é um sintoma de algo que está acontecendo em algum outro lugar. Por exemplo, as varizes na realidade são um problema circulatório. Os principais sistemas do corpo humano são: circulatório, digestivo, endócrino, nervoso, reprodutivo, respiratório e urinário, além dos ossos, dos músculos e da pele.

Este capítulo contém uma breve descrição de cada um desses sistemas, juntamente com seus principais problemas e os significados geralmente atribuídos a eles. Segue-se uma lista de metáforas comuns ligadas a cada sistema. Essas listas podem indicar alguma aflição em sua vida que esteja relacionada com um problema físico. Quando encontrar uma metáfora adequada, ou até mesmo criar uma nova, use-a para incubar um sonho.

Sistema circulatório

Esse é o sistema que faz o sangue circular pelo corpo, fornecendo nutrientes e oxigênio e eliminando os produtos residuais. Além disso, ele regula a temperatura do corpo. O sangue é composto de plasma, glóbulos (células) brancos e vermelhos e plaquetas. O plasma é a parte líquida do sangue, o fluido levemente amarelado ou incolor em que se acham em suspensão essas células ou corpúsculos. À medida que circula, ele transporta nutrientes e coleta os detritos que, em seguida, são enviados para os rins e excretados. Os glóbulos vermelhos levam o oxigênio dos pulmões para os tecidos do corpo. Em seguida, coletam o dióxido de carbono e o levam para os pulmões para serem exalados. Esses glóbulos transportam também a hemoglobina, cuja escassez pode resultar em anemia. As células brancas representam a defesa do organismo no combate às doenças. As plaquetas permitem que o sangue coagule.

O sangue geralmente é classificado em quatro grupos principais conhecidos como A, B, AB e O. Existe também outro sistema de classificação, o fator rhesus (fator RH), que é levado em conta na gravidez. O sangue é bombeado para todo o corpo pelo coração, por intermédio das artérias, das veias e dos capilares. Para manter a boa saúde e não sobrecarregar esse órgão, essas vias precisam permanecer desobstruídas. O espessamento das artérias devido a uma alimentação inadequada e à falta de exercícios é responsável por muitos problemas de coração. A pressão sangüínea é a pressão exercida pelo sangue sobre a parede dos vasos.

Existe também um sistema circulatório secundário, conhecido como sistema linfático. Ele leva o excesso de líquido dos tecidos de volta para o sistema circulatório principal. Os vasos linfáticos possuem uma estrutura semelhante à das veias e contêm válvulas. Durante os exercícios físicos, o líquido circula por pressão sobre os músculos. Quando existe algum bloqueio ocorrem inchaços.

Problemas
Insuficiência cardíaca congestiva; trombose coronária; derrame; embolia; pressão alta; anemia; aneurisma; angina; aterosclerose; hemofilia; gangrena; frieiras; edema; flebite; veias varicosas.

Significados
Mais comumente amor e emoções; estar no centro de algo; sensação de estar sob pressão; força vital.

Metáforas
Coração de ouro; coração de pedra; abrir o coração; com o coração na mão; de cortar o coração; de todo o coração; falar com o coração; com o coração na boca; com o coração aos saltos; com o coração apertado; com o coração partido; sem coração; a sangue frio; ter o sangue quente; fazer o sangue ferver; sanguessuga; subir o sangue à cabeça; ter sangue de barata; suar sangue; sangria desatada; ter sangue nas veias; banho de sangue; sangüinário.

Sistema digestivo

Antes que o alimento possa ser absorvido pelo organismo, ele precisa ser digerido. Em primeiro lugar, ele é reduzido a uma polpa ao ser mastigado e misturado à saliva. Em seguida, é engolido e conduzido ao estômago através do esôfago. Ali, os sucos gástricos promovem ainda mais a sua desintegração. Nesse estágio, alguns líquidos são absorvidos pelas paredes do estômago. O restante passa para o intestino delgado, que tem cerca de seis metros de comprimento. Nesse ponto, os fluidos do fígado e do pâncreas continuam o processo de extração dos nutrientes do alimento. A função do fígado é fabricar a bile, que contém sais biliares capazes de ajudar a emulsificação das gorduras. O fígado também remove o excesso de aminoácidos, convertendo-os em uréia. Esse órgão é o principal responsável pela depuração da substâncias tóxicas como o álcool e as drogas. Ele transforma a gordura em calor.

Por fim, as substâncias não digeríveis seguem para o intestino grosso e para o reto, onde são eliminadas pelo ânus. Os movimentos do intestino são conhecidos como peristaltismo.

Problemas
Anorexia; bulimia, indigestão, vômitos, úlcera do duodeno; gastrite; hérnia do hiato; náusea; úlceras pépticas; enjôo em viagens; apendicite; cirrose hepática; prisão de ventre; câncer; diarréia; flatulência; diverticulite; cálculos biliares; hepatite; síndrome do intestino irritá-

vel; icterícia; peritonite; pancreatite; hemorróidas; problemas de bexiga; cistite; incontinência urinária; cálculos renais; pielonefrite.

Significados
Assimilação; eliminação; fome; desejo; gula; sensibilidade e sentimentos; rejeição; digestão; perda de controle; controle excessivo; tensão; vulnerabilidade.

Metáforas
Estômago de avestruz; sentir um friozinho na barriga; estômago embrulhado; não ter estômago para fazer algo; chorar de barriga cheia; tirar a barriga da miséria; empurrar com a barriga; desopilar o fígado; comer o fígado de alguém; comer com os olhos; comer na mão de alguém; digerir informações; amargo como fel; ter maus fígados; de virar o estômago.

Sistema endócrino

O sistema endócrino controla o metabolismo. Ele coordena as funções de longo prazo do organismo, tais como o crescimento, em paralelo com o sistema nervoso, que lida mais com as funções de curto prazo. Esse sistema é composto por várias glândulas responsáveis pela produção de hormônios, que respondem aos estímulos por meio dos sentidos, das emoções e das substâncias químicas do organismo. O hipotálamo, localizado na base do prosencéfalo, é o agente motor, enquanto a glândula pituitária é a gerente-geral. Além de controlar os níveis de água do organismo e influenciar o crescimento, ele produz vários hormônios que estimulam as outras glândulas endócrinas. A glândula tireóide está localizada na garganta e atua sobre os níveis de energia. O hormônio segregado por ela contém iodo, estimula o metabolismo e é essencial para o crescimento na infância. As glândulas supra-renais situam-se logo acima dos rins. Elas controlam o reflexo de "luta ou fuga" em reação ao estímulo gerado pelo sistema nervoso simpático, produzindo uma descarga de adrenalina nos momentos de tensão e medo. As ilhotas de Langerhans estão situadas no pâncreas, próximo ao baço. Elas produzem a insulina, responsável pelo controle da glicose. Problemas nessa área causam o aparecimento de diabetes. Por fim, nos homens, os testículos produzem testosterona que são, por sua vez, responsáveis pela produção do esperma e pelo desenvolvimento sexual; nas mulheres, os ovários produzem o estrogênio, hormônio que estimula as características femininas secundárias.

Problemas
Doença de Addison; olhos saltados; síndrome de Cushing; diabetes; problemas de crescimento; bócio; gota; hipoglicemia; obesidade; problemas de tiróide; perda de peso; desequilíbrio hormonal.

Significados
Equilíbrio; coordenação; obsessão; capricho.

Metáforas
Com a adrenalina a toda; pôr a adrenalina para funcionar; adrenalina pura; uma visão equilibrada.

Sistema nervoso

O sistema nervoso — que representa a rede de comunicação do corpo — opera a partir do cérebro, desce pela coluna vertebral e se ramifica por meio de fibras nervosas. Ele se divide em duas partes: sistema nervoso central e sistema nervoso autônomo. O sistema nervoso central comanda os sentidos e as reações e compreende os nervos sensoriais, que levam informações ao cérebro, e os nervos motores, que controlam as ações e reações. O sistema nervoso autônomo é independente e controla todos os processos automáticos do corpo. Ele é composto por duas partes. O sistema simpático estimula os órgãos relacionados com a atividade imediata. Quando estamos com medo, por exemplo, ele acelera os batimentos cardíacos e a respiração e desvia as substâncias químicas necessárias que nos permitem fugir. O sistema parassimpático é o que nos mantém vivos, o piloto automático que mantém todo o mecanismo funcionando enquanto dormimos.

Problemas
Paralisia facial; lesão cerebral; tontura; encefalite; epilepsia; desmaios; acessos de raiva; cefaléia; enxaqueca; esclerose múltipla; entorpecimento; paralisia; doença de Parkinson; poliomielite; derrame e todos os transtornos nervosos como depressão, bruxismo, vícios, anorexia, bulimia, tristeza, choque, hipocondria, obsessões, paranóia, fobia e insônia.

Significados
Sensibilidade, intercomunicação; fiação e circuitos; colapsos; lassidão e indolência.

Metáforas
Ter um cérebro privilegiado; estar com alguma coisa martelando no cérebro; ter tutano; miolo mole; ser o cérebro da operação; não ter cérebro; lavagem cerebral; nervos de aço; com os nervos à flor da pele; dar nos nervos; doente da cabeça.

Sistema reprodutivo

O sistema reprodutivo destina-se à procriação. O masculino fica fora do corpo e é formado pelo escroto — contendo os testículos que produzem o esperma — e pelo pênis. Os órgãos femininos são internos e consistem no útero, nos ovários e na tuba uterina. O estrogênio é produzido pelos ovários, que liberam o óvulo dentro do útero, onde ele pode ser fertilizado ou eliminado mensalmente.

Problemas
Nos homens — câncer; problemas de próstata; criptorquidia; impotência; ausência de ereção; verrugas. Nas mulheres — amenorréia; dismenorréia; menorragia; câncer; cistos; fibróide; endometriose; his-

terectomia; menopausa; problemas menstruais; TPM; problemas na vagina e na vulva; verrugas. As doenças sexualmente transmissíveis acometem os dois sexos.

Significados
Desejos sexuais; paixão; desejos criativos; masturbação; dominação *versus* incapacidade; bloqueios emocionais. O útero muitas vezes representa fertilidade, criatividade, inseminação, volta ao estado fetal, medo e insegurança, desintegração e, depois, reintegração.

Metáforas
Como a maioria delas são grosseiras, você terá de fazer suas próprias associações!

Sistema respiratório

Os pulmões funcionam como um par de foles, por meio da ação de um músculo transversal chamado diafragma, controlado pelo sistema nervoso autônomo. A respiração dá-se da seguinte forma: o ar inalado pelo nariz desce pela traquéia, que se bifurca em brônquios que chegam até os pulmões. Nesse ponto, dividem-se em milhares de finas ramificações, os bronquíolos, que terminam nos alvéolos ou sacos alveolares. O oxigênio extraído do ar passa para a corrente sangüínea através das finas paredes dos alvéolos. Depois de utilizá-lo, o sangue transporta o dióxido de carbono, que percorre o mesmo caminho de volta através dos brônquios e da traquéia, para ser expirado. O muco produzido pelas paredes das vias respiratórias mantém os pulmões sempre úmidos. Essas vias são cobertas por pêlos minúsculos que retêm o pó, o pólen e outros corpos estranhos, mantendo os pulmões limpos. Normalmente respiramos cerca de 16 vezes por minuto. Esse número aumenta sob estimulação, como uma corrida. Quanto mais saudável somos, mais lenta é a nossa respiração.

Problemas
Asma; edema pulmonar; falta de ar; bronquite; câncer; dor no peito; tosse; enfisema; soluço; pleurisia; pneumonia; tuberculose.

Significados
Sentimentos; emoções; anseios secretos; esperança; sensibilidade; receptividade.

Metáforas
Tomando fôlego; de um só fôlego; prender o fôlego; ter fôlego de gato; respirar fundo; abrir espaço para respirar; de tirar o fôlego;

Sistema urinário

Esse sistema funciona por intermédio dos rins, dois órgãos em forma de grão de feijão, situados entre os músculos da região lombar e os órgãos do aparelho digestivo. Os rins expelem a urina, que é formada por uma mistura de água e uréia. A urina percorre os ureteres até chegar na bexiga, que ao encher se contrai e a expulsa pela uretra.

Problemas
Controle da bexiga; cálculos renais; cistite; doença de Bright; incontinência urinária; insuficiência renal; dor para urinar; retenção de urina.

Significados
Livrar-se de um lixo indesejável; soltar as amarras; deixar de se apegar; perda de controle emocional; filtragem; purificação.

Metáforas
Rir até fazer xixi na calça; tirar água do joelho; verter água; estar aliviado.

Ossos, músculos e pele

Juntos, constituem a principal estrutura do corpo. Os ossos formam a base, a partir da qual tudo se desenvolve. Os músculos unem todas as partes do corpo e a pele o reveste, permitindo que ele respire e ajudando a controlar a temperatura.

Problemas
Fraturas; ossificação; osteoporose; luxação; rupturas; artrite; reumatismo; bursite; cãibras; hérnia; lumbago; osteoartrite; deslocamento nas vértebras; ciática; tendinite; erupções cutâneas; acne; eritema; psoríase.

Significados
Os ossos e os músculos estão, na maioria das vezes, relacionados com estrutura e apoio, além de ligação e mobilidade. A tensão e o esgotamento significam a necessidade de ir com calma e descansar, geralmente em virtude de sinais anteriores que foram ignorados. A pele está ligada com nossa proteção em geral ou com vulnerabilidade. Ficar corado representa timidez, enquanto marcas de nascença podem representar manchas ou máculas em nosso caráter.

Metáforas
Em carne e osso; osso duro de roer; ossos do ofício; estar no osso; roer os ossos; não ser osso para andar na boca de cachorro; pele e osso; salvar a pele; arriscar a pele; cair na pele de alguém; sentir na própria pele; tirar a pele; arrancar o couro.

Agora que você tem a oportunidade de analisar as possibilidades dessas metáforas, pense na forma como você utiliza a linguagem. As pessoas que dizem sentir um "friozinho na barriga" amiúde têm problemas digestivos. O que você acha de "Isso faz meu sangue ferver"? Você enrubesce ou tem palpitações facilmente? Reflita sobre as expressões relacionadas com o corpo que você mais usa e explore-as em seus sonhos.

9

Compreensão dos sonhos (2) — Imagens relacionadas ao corpo

As partes do corpo e a linguagem a elas associada podem ser enfocadas da mesma maneira para que possamos descobrir alguns dos nossos aspectos. Muitas dessas palavras e frases serão utilizadas pela mente durante o sonho em forma de imagens ou irão estimular as lembranças ligadas a elas, de acordo com nossas experiências anteriores. Reiterando, somente os problemas mais comuns foram relacionados aqui. Analise os significados e as metáforas apresentadas a seguir e tente encontrar um pensamento que possa estar incutido num sonho.

CABELO

Problemas
Oleoso; fino; pontas duplas; queda; calvície; cabelos grisalhos.

Significados
O cabelo simboliza força, pensamentos e idéias. Solto, reflete juventude e liberdade; trançado ou preso, as restrições da maturidade ou repressão. Corte ou queda de cabelo significa redução dos níveis de energia ou de força, mas pode significar também uma visão ampliada das coisas. Cabelo com pontas espetadas indica choque ou medo. A calvície pode estar ligada a tonsuras, revelando o desejo de entrar em contato com níveis superiores. Cabelos embaraçados demonstram confusão; cabelos grisalhos, *stress* e envelhecimento. Perucas e chumaços de cabelo indicam que as coisas não são como parecem, mas sim que existe dissimulação.

Metáforas
Puxar os cabelos de raiva; de arrepiar os cabelos; não tocar num só fio de cabelo; ter cabelo nas ventas; abaixar o topete; ter topete; topetudo; história cabeluda; até a raiz dos cabelos.

CABEÇA

Problemas
Cefaléia; enxaqueca; concussão; tontura; desmaio; ataques de raiva; pensamentos confusos.

Significados
A cabeça representa a mente, análise, sabedoria, idéias, lógica, poderes mentais, liderança, contato com níveis superiores, uma fonte, um esquema ou uma trama. Diz respeito, sobretudo, a ficar por cima ou na dianteira, a liderar um grupo, a manter a cabeça erguida ou curvar-se perante os outros. Pode significar também recorrer à fonte das coisas, como a cabeceira de um rio. Além disso, é sinônimo de êxito.

Metáforas
Cabeça-de-vento; cabeça-dura; cabeça-de-bagre; meter na cabeça; cabeça erguida; fazer a cabeça; quebrar a cabeça; querer a cabeça de alguém; assentar a cabeça; com a cabeça nas nuvens; de ponta-cabeça; cuca fresca; de cabeça quente; cabisbaixo; usar a cabeça; subir à cabeça; tomar na cabeça; virar a cabeça; ter a cabeça no lugar; de cabeça; quebra-cabeça; cabeçudo; entrar de cabeça; mergulhar de cabeça; cabeça feita; esfriar a cabeça; perder a cabeça; acertar na cabeça; passar pela cabeça; vir à cabeça; manter a cabeça fora d'água; ter a cabeça a prêmio; sem pé nem cabeça; cabecear a bola; ter um parafuso solto; não tirar da cabeça; mexer com a cabeça. Existem muitas outras expressões.

ROSTO

Problemas
Acne; manchas; rugas; pintas; distorções; traços rudes; pêlo facial.

Significados
O rosto pode ser a nossa própria aparência ou a forma como os outros nos vêem. Ele representa a imagem que apresentamos ao mundo.

Muitas vezes escondemos nosso eu verdadeiro. Esse fato poderia ser revelado como um rosto pintado ou uma máscara. Imagens sem rosto podem significar perda de prestígio ou descrédito, mas podem indicar também nossos guias especiais. Um rosto pode significar a coragem de encarar os fatos.

Metáforas
Encarar os fatos; ficar cara a cara; estar na cara; custar os olhos da cara; em face de; fazer face a; falar na cara; ficar com a cara no chão; fazer caretas; ficar com cara de tacho; quebrar a cara; ir com a cara; fechar a cara; enfiar a cara no mundo; cara de quem comeu e não gostou; livrar a cara; de cara lavada; dar as caras; dar de cara; cara amarrada; cara de réu; cara de enterro; cara de poucos amigos; encher a cara; com a cara e a coragem; cara ou coroa; meter a cara; torcer a cara; na cara dura; cara-de-pau.

OLHOS

Problemas
Cegueira; miopia; lacrimejamento; terçol; alergia; catarata; glaucoma; astigmatismo; estrabismo; vista cansada.

Significados
Os olhos estão relacionados com a visão ou com a recusa de enxergar algo. São conhecidos como as janelas da alma e revelam clareza e disposição de ver ou, de modo oposto, cegueira. Existe também o terceiro olho, a fonte de intuição e percepção. Os olhos revelam também vigilância, expressão e choro. Além disso, encerram o medo do escuro e de não ser capaz de enxergar. Pode-se ser forçado a olhar ou ser impedido de fazê-lo. "O pior cego é aquele que não quer ver". Os óculos também entram nessa categoria.

Metáforas
Olho vivo; ficar de olho; mal olhado; ver a vida cor-de-rosa; olho por olho; olho roxo; menina dos olhos; olho clínico; olho de lince; abrir

os olhos; olho mágico; branco do olho; comer com os olhos; de encher os olhos; salta aos olhos; olho no olho; pessoa de visão; não pregar o olhos; não conseguir enxergar além do próprio nariz; olho da rua; olhar de peixe morto; olho gordo; olho grande; olho espichado; olho maior que a barriga; olhos rasos d'água; a olho nu; a olhos vistos; aos olhos de; correr os olhos; de olhos fechados; custar os olhos da cara; pelos seus belos olhos; passar os olhos; ver com bons olhos; confiar cegamente; a olho; botar os olhos; cego como um morcego.

ORELHAS/OUVIDOS

Problemas
Surdez; zumbido; orelha colada; tímpano perfurado; dor de ouvido; entupimento das tubas auditivas; ouvido seletivo.

Significados
As orelhas representam a disposição de escutar, ouvir e cooperar. Mas podem representar também surdez e falta de compreensão ou indisposição para ouvir a verdade. Tudo o que está ligado ao som deve ser levado em conta nesse contexto, juntamente com a compreensão da audição seletiva. "O pior surdo é aquele que não quer ouvir".

Metáforas
Ficar de orelha em pé; manter os ouvidos abertos; fazer ouvidos de mercador; ter um bom ouvido; tocar de ouvido; entrar por um ouvido e sair pelo outro; as paredes têm ouvido; ser todo ouvidos; sentir as orelhas queimar; dar ouvidos; fazer ouvidos moucos; até as orelhas; orelhas de abano; com a pulga atrás da orelha; abaixar as orelhas.

NARIZ

Problemas
Nariz entupido; nariz grande; sinusite; perda de olfato; espirro; catarro; alergia; nariz adunco; hemorragia nasal; ronco.

Significados

O nariz está associado à respiração, ao cheiro ou à perda de olfato. Outras associações são bisbilhotice, fazer perguntas demais, curiosidade e conhecimento de fatos. Além disso, representa a intuição e os instintos. Pode significar também mentiras (Pinóquio).

Metáforas

Nariz empinado; torcer o nariz; nariz de Pinóquio; dar com o nariz na porta; meter o nariz onde não é chamado; saber onde mete o nariz; ficar de nariz comprido; não enxergar um palmo na frente do nariz; ser dono do próprio nariz; bem debaixo do nariz; nariz de palhaço; não pôr o nariz para fora de casa; de nariz em pé, nariz arrebitado.

BOCA

Problemas

Herpes labial; língua inchada; úlceras; mau hálito; laringite; dor de garganta; amigdalite; afonia; gagueira.

Significados

A boca está associada com paladar, comida, deglutição, fome e dieta. Está associada também com comunicação, silêncio, tagarelice e fofoca, ou com atitudes subservientes, agressivas ou tolas. Pode estar ligada ao hábito de falar da boca para fora. Os lábios e a língua estão estreitamente ligados às palavras e à articulação, além da intimidade e do beijo.

Metáforas

Pôr a boca no trombone; verborragia; à boca miúda; boca de siri; língua de trapo; linguarudo; língua afiada; língua viperina; língua comprida; manter a boca fechada; da boca para fora; na ponta da língua; lamber os beiços; bater boca; dar água na boca; boca da noite; boca do estômago; com a boca na botija; boquiaberto; boca suja; morder na língua; fazer boca de pito; boca dura; de boca em boca; fazer uma boquinha; boca do lixo; com a língua de fora; dar com a língua nos dentes; conversa fiada; papo furado; dobrar a língua; não falar a mesma língua; pagar a língua; soltar a língua; ter a língua maior do que a boca; não ter papas na língua; voz ativa; com a voz embargada; voz de taquara rachada; a meia voz; de viva voz; dar voz de prisão; contar garganta; com um nó na garganta; engolir as palavras.

DENTES

Problemas
Dor de dente; infecções; cáries; dentes abalados; dentes postiços; extrações; dentes quebrados; dentes inclusos; aparelhos ortodônticos; bruxismo; intoxicação por mercúrio; gengivite; abscesso na gengiva; dentadura.

Significados
Os dentes estão relacionados com mordidas, mastigação ou trituração, ou com o fato de ter algo preso entre os dentes. Podem significar também indecisão. Além disso, estão ligados à maturidade — a perda dos dentes de leite e o nascimento da dentição permanente ou do dente do siso. Dentes moles ou caindo podem ser sinal de que a pessoa está falando demais e revelando segredos, ou simplesmente sinal de velhice. Estão ligados também às palavras — boas, más ou falsas.

Metáforas
Lutar com unhas e dentes; dente de coelho; dente por dente; armado até os dentes; mostrar os dentes, dente de leite; falar entre os dentes; ranger os dentes; dar com a língua nos dentes; arreganhar os dentes; dentes afiados; morder a língua; morder-se de ciúmes.

PESCOÇO

Problemas
Torcicolo; lesão em chicotada; distensão muscular; problemas de disco; espondilose cervical; cefaléia; meningite.

Significados
O pescoço sustenta a cabeça e permite que a pessoa olhe para várias direções e, conseqüentemente, veja os dois lados de uma situação. Mostra também seus níveis de orgulho, flexibilidade ou submissão. Também pode estar relacionado ao hábito de cumprimentar alguém com beijos nas bochechas.

Metáfora
Estar com o pescoço duro; envolvido até o pescoço; ter pescoço comprido; com a corda no pescoço; de papo para o ar; estar no papo.

OMBROS

Problemas
Tensão nos ombros; deslocamento; fraturas; distensão muscular; lesão na articulação.

Significados
Os ombros carregam peso e servem de apoio.

Metáforas
Ombro a ombro; ombro amigo; chorar no ombro; olhar por cima dos ombros; dar de ombros; tirar o peso dos ombros; oferecer o ombro.

BRAÇOS E COTOVELOS

Problemas
Entorse e fraturas; dores irradiadas (cervical ou angina); tendinite; cotovelo de tenista; bursite; deslocamento.

Significados
Os braços representam a capacidade de alcançar e apreender, carregar, cuidar, abraçar, suplicar, render, orar, abarcar ou proteger. Estão relacionados com armas e defesa.

Metáforas
Braço direito; de braços abertos; de braços dados; cruzar os braços; dar o braço a torcer; braço forte; descer o braço; falar pelos cotovelos; dor de cotovelo.

MÃOS

Problemas
Lesão por esforço repetitivo (LER); inchaço; artrite; rigidez.

Significados
As mãos indicam serviço e trabalho. Estão ligadas aos atos de dar e receber, tocar e sentir, rezar, rogar ou aplaudir. Podem estar ligadas também às direções esquerda ou direita. Os dedos representam destreza e poder.

Metáforas
Mão na roda; mão aberta; mão de vaca; mudar de mãos; lavar as mãos; de mão cheia; mão pesada; mão leve; mão de ferro; mãos de fada; abrir mão; estender a mão; dar a mão à palmatória; de segunda mão; em boas mãos; fora de mão; lançar mão; largar de mão; meter a mão; não pôr a mão no fogo; molhar a mão; mão de pilão; com as mãos abanando; mãos à obra; de mão beijada; de mão em mão; de mãos atadas; à mão; agüentar a mão; a quatro mãos; pôr a mão na consciência; com a mão na massa; com uma mão na frente e outra atrás; escolher a dedo; com o dedo em riste; num estalar de dedos; na ponta dos dedos; dedo-duro; pôr o dedo na ferida; cheio de dedos; não levantar um só dedo; meter o bedelho.

COSTAS

Problemas
Dor nas costas; fibrosite; distensão muscular; luxações; deslizamento de discos vertebrais; espondilite; lordose; dor ciática; lesão da articulação sacrilíaca; artrite reumatóide.

Significados
As costas estão relacionadas a força, apoio, retidão de caráter, responsabilidade, carregar fardos e altivez.

Metáforas
Ter as costas largas; ter as costas quentes; dar as costas; apunhalar pelas costas; tirar um peso das costas; cair de costas.

PERNAS E JOELHOS

Problemas
Pernas e articulações inchadas; distensão muscular; fraturas; deslocamentos; varizes; cãibras; trombose venosa profunda (TVP); tromboflebite.

Significados
As pernas representam apoio, mobilidade, agilidade e força. Ficar com as pernas bambas demonstra medo e falta de coragem. Ajoelhar-se revela respeito ou súplica.

Metáforas
Perna-de-pau; pernas para que te quero; de perna bamba; bater perna; esticar as pernas; desenferrujar as pernas; não ir bem das pernas; passar a perna; trançar as pernas; ficar de quatro; ficar de joelhos; tirar água do joelho.

PÉS

Problemas
Pés chatos; arcos diminuídos; joanetes; calos; verrugas; pé-de-atleta; entorses; pés inchados; dificuldade para caminhar.

Significados
Os pés são nossas fundações e significam raízes, coragem, deslocamento, iniciativa para dar o primeiro passo e automotivação. Os calcanhares podem representar uma metáfora para cura, mas calcanha-

res e tendões de Aquiles são também pontos fracos. Os dedos dos pés estão relacionados com posição pessoal.

Metáforas
Dar no pé; tirar o pé da lama; pé ante pé; um pé lá, outro cá; tomar pé da situação; ter os pés no chão; perder o pé; negar de pés juntos; não arredar pé; ir num pé só; com um pé nas costas; não chegar aos pés; meter os pés pelas mãos; bater o pé; pé-de-chinelo; com um pé na cova; pé-de-chumbo; pé-de-boi; em pé de igualdade; em pé de guerra; fincar o pé; com o pé direito; ao pé da letra; ao pé do ouvido; pé rapado; seguir as pegadas de alguém; apertar o pé; pôr o pé no mundo; com um pé atrás; dar pé; fazer pé firme; lamber os pés; pisar no pé; um pé no saco; pisar na bola; enterrar os calcanhares; sob os calcanhares de alguém.

Quando metáforas como essas aparecerem em nossos sonhos e estiverem relacionadas com problemas físicos, precisamos analisar nosso estilo de vida. Na cura pelos sonhos, lidamos com a pessoa como um todo e não apenas com partes isoladas. Quando o contexto é compreendido, essas expressões podem revelar até que ponto nos tornamos vítimas das circunstâncias.

10

Compreensão dos sonhos (3) — Símbolos oníricos importantes

Os quatro elementos

Dizem que o corpo humano é composto de 80% de água, mais terra (pele e osso), fogo (temperatura do corpo) e ar (a respiração). A presença de qualquer um desses quatro elementos em nossos sonhos pode estar diretamente relacionada com a nossa saúde.

O equilíbrio desses quatro elementos foi ressaltado por Hipócrates (460 a.C.), o pai da medicina, para quem o corpo consistia em quatro humores: sangue, fleuma, atrabilis (bile negra) e bile (bile amarela). Posteriormente, esses humores ficaram conhecidos como "temperamentos" e foram denominados sangüíneo, fleumático, melancólico e colérico. Michael Scott (c.1175 d.C.), estudioso escocês conhecido como o "mago extraordinário" que traduziu as palavras de Aristóteles, aparentemente foi o primeiro a ligar esses humores aos sonhos. Especializado em astrologia, ele incorporava a data, a época e o local de nascimento da pessoa, juntamente com as posições dos planetas, à interpretação dos sonhos. Scott achava que os sonhos eram o diagnóstico das doenças físicas e que estas eram causadas por desequilíbrios entre os quatro humores ou por condições secas, úmidas, quentes ou frias.

Os nomes desses humores ainda são utilizados em nossa linguagem cotidiana para ilustrar determinados padrões de comportamento. O sangüíneo/sangue geralmente é associado ao elemento ar. As pessoas sangüíneas em geral são inteligentes, apaixonadas, alegres e corajosas. Podem também ser fracas e dadas a mudanças repentinas de humor. O fleumático/fleuma representa o elemento água. Essas pessoas são calmas e fortes, porém falta-lhes vivacidade. Tendem a ser indolentes, mas encontram seu próprio equilíbrio. O melancólico/atrabilis representa o elemento terra. Essas pessoas são dignas de confiança, estáveis e sólidas, mas propensas à depressão e à tristeza. O colérico/bile amarela representa o elemento fogo. As pessoas coléricas amiúde são agressivas, brilhantes, criativas e fortes emocionalmente, mas algumas vezes podem ficar irritadas e nervosas. Precisamos, portanto, ficar atentos ao domínio de um destes elementos em nossos sonhos água, terra, ar ou fogo.

Água

Se estivermos num estado de grande indolência ou desidratados, com retenção de líqüidos, edema ou problemas urinários, precisamos refletir sobre o elemento água.

A água está associada à sensualidade, à sexualidade e ao inconsciente. Ela pode ser expansiva e calma, fria e intimidativa, lamacenta e desagradável, lodosa, quente, corrente ou congelada, para citar apenas algumas idéias. Você pode querer tirar as roupas e se banhar na água, molhar as mãos, andar na água ou nem chegar perto dela. Pode ser na forma de um lago, uma piscina, um rio, uma tina, uma poça, um balde ou uma pia.

Portanto, se seus sonhos incluírem rios, lagos, oceanos, pântanos, charcos, areias movediças, inundações, ondas gigantescas, praias, gelo, entre outros, pode estar certo de que algo profundo está acontecendo em sua vida. As condições da água dão dicas sobre o estado das suas emoções (turbulenta, lamacenta, corrente, vagarosa, parada, límpida, agitada pelo vento, congelada, são alguns exemplos). Se alguma coisa estiver se arrastando para fora da água ou emergindo de suas profundezas, algo que foi reprimido num nível emocional está vindo à tona. Quanto maior a profundidade, mais antiga a repressão e maior o alívio.

Talvez um dos sistemas relacionados com água esteja lhe causando o problema (ver Capítulo 8). Poderia ser o sistema urinário, o sistema respiratório (ligado ao muco) ou então o sistema reprodutivo. Lembre-se de que as emoções reprimidas podem gerar problemas físicos.

Estou em pé à margem de um riozinho agitado sobre o qual passa uma ponte. Hesito em atravessá-la. À esquerda, o fluxo é intenso e, à direita, há apenas um fio d'água. De repente, uma grande correnteza leva consigo um muro. Então, tudo fica calmo e os escombros da parede fornecem uma passagem segura sobre a água.

Esse sonho indica que fortes emoções precisam ser liberadas para que uma barreira possa ser transposta de forma segura. A pessoa que está sonhando precisa deixar que a inundação aconteça para que algumas coisas sejam destruídas. Esse sonho poderia estar relacionado com medo de altura, tontura ou um problema de ouvido. Ela poderia estar sendo incomodada por um barulho ou recusando-se a ouvir, mas de qualquer forma a barragem será rompida. O sonho poderia também estar ligado a alguma forma de pústula como um furúnculo ou uma úlcera.

As praias são interessantes, pois constituem uma combinação de solo e mar (terra/água). São, portanto, transitórias. Da mesma forma que a água do mar lava constantemente a areia da praia, podemos recomeçar do zero. As ondas gigantescas raramente nos afogam, mas sim mostram que sobreviveremos a grandes perturbações emocionais. As piscinas ou tinas possuem significados profundos. Em primeiro lugar, porque geralmente contêm água parada e muitas vezes podemos enxergar a base daquilo que está emergindo, se é que algo está emergindo. Em segundo, porque refletem nossa imagem. Poços e oásis são interessantes, pois indicam revigoramento nos momentos de necessidade. Entretanto, podem representar também poluição, armadilha ou situações estagnadas.

Terra

Depressão, insegurança ou dificuldade com relação a apoios ou fundações (pernas, pés ou costas) significam que precisamos refletir sobre o elemento terra. Esse elemento freqüentemente povoa os sonhos e está associado a estabilidade e força. Todos sonhamos com montanhas, vales, prados, colinas, charnecas, tundras, escarpas, planícies, florestas, desertos ou selvas, mas o importante é como eles são apresentados. A paisagem do seu sonho é — descampada, fria, deserta, quente, convidativa, difícil de atravessar, cultivada ou rica? Você está constantemente subindo — enfrentando dificuldades; descendo — num declive escorregadio; abrigado do sol ou sob um sol escaldante; ou foi pego por um terremoto? O elemento terra fornece indicações claras do nosso sentimento de segurança.

Sonhar que se está sobrevoando um terreno pantanoso numa selva, por exemplo, indica que a vida nos últimos tempos está bastante semelhante a uma selva. O fato de estar voando mostra que a pessoa está se libertando daquilo que não consegue compreender e que a tem reprimido. O sonho está dizendo que chegou a hora de enfrentar a selva de idéias sobre a própria saúde. Em vez de ficar preocupada, a pessoa precisa enfrentar a situação e procurar um médico.

Ar

Sonhos com o ar representam paixão, coragem e comunicação. Você está se sentindo fraco e desanimado ou tem dificuldade de respirar?

O ar é mais difícil de definir, pois podemos apenas ver, sentir e ouvir seus efeitos. Na maioria das vezes, associamos o ar ao céu e às nuvens. Ele está ligado à comunicação e, portanto, diz respeito à forma como nos expressamos. O ar pode ser representado por qualquer coisa, de uma brisa a um furacão ou tornado. Fique atento à forma como ele se apresenta e ao som que ele faz, pois esses fatores podem estar lhe dizendo algo realmente importante. As mensagens podem ser transportadas pelo vento.

Uma pessoa descreveu um sonho em que voltava ao moinho de vento do pai, na Polônia. Dentro dele havia vários homens sentados perto da parede. Nesse sonho, o moinho de vento indica o elemento ar. Os homens representam os idosos, a fonte de sabedoria. Como os moinhos de vento atualmente estão desativados, a pessoa precisa prestar atenção nos pulmões e na respiração e buscar o conselho dos mais velhos.

Fogo

Quando a raiva, a irritabilidade e os sentimentos explosivos dominam, talvez com indisposições estomacais, o fogo/mudança constitui a chave.

O fogo se manifesta de várias formas nos sonhos e está relacionado com criatividade e transformação. Tudo o que é tocado por ele tem sua forma permanentemente alterada e, embora nunca mais volte a ser o mesmo, renasce das cinzas assim como a fênix. Na paisagem dos sonhos, o fogo é representado por desertos, vulcões, incêndios em florestas, fogueiras, sinalizadores, incêndios no campo e edifícios em chamas. Quando o sonho se passa numa casa, pode aparecer como lareiras acesas, aquecedor central, eletricidade, gás, cobertores elétricos e outros eletrodomésticos, velas ou fósforos. Sua energia pode variar de um calor suave a fumegante, lento, violento, furioso ou explosivo. Quando o fogo aparecer em seus sonhos, esteja atento a uma energia extra ou a uma mudança.

Entrei numa floricultura e comprei um arranjo de flores que continha um berço de criança coberto por um laço de fita. De repente, o berço irrompeu em chamas e o vendedor disse que aquela época do ano não era apropriada para acendê-lo. O bebê morreu.

As flores estão associadas à esperança e à promessa para o futuro e, portanto, o "bebê" (criação da pessoa que estava sonhando) deveria resultar em algo importante. No entanto, para ser viável ele precisa primeiro ser transformado. Além disso, algo precisa ser examinado, no sistema reprodutivo, antes que se irrompa.

Tempo

O tempo desempenha um papel importante em nossos sonhos, uma vez que tudo na vida é cíclico. Precisamos, portanto, explorar suas correspondências, pois elas podem ter associações muito significativas. A maioria dos sonhos tende a se passar no presente ou num período indefinido. Contudo, qualquer sonho que volte no tempo está ligado a experiências do passado. Quando sonhamos com a infância, com nossos pais, avós ou antepassados, precisamos analisar os fatos dentro do contexto do passado. Da mesma forma, os sonhos que parecem estar ligados ao futuro ou a viagens no tempo podem ser premonitórios. Sonhos com o tempo podem indicar também que está na hora de parar de adiar as coisas.

Dia e noite, alvorada e crepúsculo, meia-noite e meio-dia — todos têm um significado profundo. Reagimos internamente a cada período do dia e, portanto, precisamos analisar tanto o comportamento que se espera de nós como o nosso comportamento individual. A cotovia é uma criatura totalmente diferente da coruja, e sonhos com essas aves podem ter interpretações bastante diferentes.

O mesmo se aplica às estações do ano. A primavera, época de agitação e despertar, equivale à infância; o verão, período de atração e crescimento exuberante, está associado à juventude; o outono, época de desfrute e colheita, está ligado à maturidade; o inverno, época de recolhimento e descanso, representa a velhice. Os festivais sazonais são celebrados desde tempos remotos e se baseiam nos ciclos do sol. No mundo dos sonhos, o reconhecimento dessas estações do ano pode ajudar tremendamente a entrar no ritmo da vida real.

Podemos levar em consideração também as condições climáticas relacionadas com as estações. Se o sonho se passa claramente no alto verão e estamos numa tempestade de neve, a situação pode ser bastante traiçoeira. Da mesma forma, um calor intenso em pleno inverno pode revelar um crescimento artificial. Essas imagens um tanto bizarras têm muito a nos dizer sobre nós mesmos.

O clima — calmo, nublado, quente, frio, sombrio, ameaçador, tempestuoso, nevoento, entre outros — pode refletir, por associação, o que está acontecendo atualmente em nossa vida e nos dizer do que temos que nos precaver. Uma consulta ao diário de sonhos em busca de padrões pode revelar como você reage ao clima. Muitas pessoas ficam tomadas de tristeza quando o céu está nublado, sobretudo quando as nuvens persistem por vários dias. Existe também o Transtorno

Afetivo Sazonal, que aflige muitos de nós à medida que os dias se tornam mais curtos e passamos a ansiar pela luz do dia. O sol abrasador também gera opressão.

Mortes, assassinatos e enterros

Sonhos com morte podem ser premonitórios, embora isso seja muito raro. Existem exemplos também de pessoas que sonharam com a própria morte. Uma intuição dessas constitui uma forma de preparação para o acontecimento, pois permite que a pessoa se conforme com a tragédia, seja forte e ajude os outros nos momentos de crise.

O significado mais comum de um sonho sobre morte é o fim de algo, algo que seguiu seu curso e está pronto para morrer e ser enterrado. Isso pode aplicar-se a pessoas, situações, hábitos ou crenças arraigadas. Num contexto de cura, poderia estar demonstrando que a crença num tratamento ultrapassado está inibindo o processo de cura.

Os sonhos com morte podem manifestar-se de várias formas. Podemos ver alguém morto ou a nossa própria morte, podemos estar matando ou sendo mortos, podemos estar no enterro de alguém ou em nosso próprio funeral, ou estar num cemitério. Em todos esses casos, a mensagem é a mesma. É hora de se libertar e recomeçar. Pode significar também que estamos desejando a morte de alguém ou simplesmente que essa pessoa se afaste do nosso caminho. Portanto, quando estivermos refletindo sobre o significado dos sonhos com morte, é importante sabermos se o morto é outra pessoa ou nós mesmos.

Rituais de sacrifício ou de tortura podem ser um reflexo claro da vida real. Podemos estar deprimidos e infelizes, sem saber por quê. Esses sonhos nos ajudam a reconhecer a situação e identificar o problema. Talvez estejam chamando a nossa atenção para algum tipo de doença que infligimos a nós mesmos por meio do fumo ou de excesso de comida.

Bebês

Os sonhos com bebês geralmente têm um significado completamente diferente dos significados óbvios. Entretanto, sempre é bom interpretá-los literalmente primeiro. Você sente necessidade de voltar à vida intra-uterina? Sente-se como um bebê indefeso? Se você tiver uma doença que se assemelha a um tipo de doença infantil, pode sonhar com bebês.

A interpretação mais comum é que os bebês representam nossas idéias, talentos latentes e criações. São as coisas que concebemos e damos ou não à luz ou permitimos ou não que se desenvolvam. Muitas vezes acontece algo terrível com o bebê nos nossos sonhos. Nós o perdemos, deixamos que se vá com a água do banho ou damos para alguém, o que significa que de alguma forma negligenciamos nossas capacidades.

Esses sonhos podem indicar também que um sonho incubado não surtiu o efeito esperado. A pessoa pediu uma solução e não foi atendida ou não compreendeu a resposta.

Eu estou indo a algum lugar de bicicleta com um bebê que foi abandonado. Dou um jeito de alimentá-lo. O caminho é estreito, íngreme e difícil de achar, mas estou determinado a chegar lá.

A pessoa que está sonhando obviamente vem negligenciando seus talentos enquanto luta para atravessar um caminho estreito e árduo. O que está sendo mostrado aqui é que, no final, a determinação triunfará, não importa o quanto a vida possa estar parecendo difícil no momento. O importante é perseverar e ter esperanças.

Existem ocasiões em que sentimos que alguém roubou, ou está prestes a roubar, nossas idéias. Esse fato acontece com muito mais freqüência do que percebemos, mas não passa despercebido pela mente que sonha. Num caso assim, podemos sonhar que perdemos uma criança ou que personagens desagradáveis a estão espreitando. Isso mostra como os sonhos podem ser valiosos para nos ajudar a não perder oportunidades.

Sonhos com gravidez indicam que algo está em gestação. Plantamos as sementes e elas germinam, e agora temos a responsabilidade de fazer com que frutifiquem. Uma gravidez fácil é sinal de bom augúrio, ao passo que uma gravidez difícil mostra relutância ou inúmeros problemas ao longo do caminho. Esses sonhos também podem ser associados aos sonhos de incubação e, portanto, precisamos interpretá-los nos dois níveis — como um sonho que tem o intuito de aconselhar ou como uma resposta à idéia que incutimos no sonho.

Os nascimentos falam por si só e mostram que a sua idéia alcançou a luz do dia e agora precisa ser cultivada. Eles também podem ser fáceis ou difíceis. Os sonhos com natimortos ou abortos revelam que você deixou sua idéia morrer ou decidiu abandoná-la antes da sua concretização. Podem representar também um plano abortado.

Sexo

Os sonhos eróticos podem melhorar a nossa vida sexual. Se você tem as mais fantásticas experiências eróticas durante o sonho, mas sua vida real parece monótona e mecânica, pode ser que tenha estabelecido a situação errada para si mesmo na realidade. Se estiver fazendo um registro dos seus sonhos, pode procurar padrões.

Os sonhos são uma mensagem clara da nossa mente inconsciente. Por esse motivo, precisamos conhecer suas imagens e símbolos, que muitas vezes povoam também a vida real. Praticamente todos os objetos rígidos e pontudos — como um atiçador de brasas — são fálicos, sobretudo quando estão sendo inseridos numa abertura ou fenda. As chaves entram nessa categoria, mas normalmente têm um significado mais profundo. Elas representam informações necessárias no momento. Se for uma chave de casa, ela o leva para dentro do saguão (um lugar de trânsito) ou para dentro da cozinha (um lugar de nutrição)? Se for uma chave de carro, você precisa fazer uma viagem — a informação está em algum outro lugar. Chaves de adegas e calabouços indicam necessidade de explorar algo que está sendo reprimido. Chaves de armários nos fazem pensar no que está escondido no armário; chaves de caixas de jóia significam que há alguma coisa valiosa para ser encontrada. Chaves velhas em geral revelam que há muito você vem se conscientizando da necessidade de refletir sobre o que manteve trancado dentro de si mesmo; chaves novas geralmente mostram que a ação se passa no presente.

As ferramentas trazem uma resposta imediata, pois sempre usamos essa palavra como um símbolo fálico. Desse modo, chaves de fenda, furadeiras, bate-estacas, martelos e pregos têm duplo significado. As armas — rifles, espadas, adagas — mostram dominação em mente. E quanto a bananas, varetas de verificar o nível de óleo, foguetes ou mísseis?

Deveríamos analisar também objetos murchos ou flexíveis. Balões que não inflam, uma mangueira maleável de jardim, uma flor murcha, um busca-pé molhado ou até mesmo uma caixa de surpresas com uma mola quebrada podem revelar medo de impotência tanto num homem quanto numa mulher. Outras imagens fortes são, obviamente, camas e quartos, galos, sementes e, principalmente, carros, que em sonhos refletem a nós mesmos. Os velozes carros esportes podem ou não estar sob controle. Podem também não dar partida ou ficar sem combustível. A mulher muitas vezes é representada por algum tipo de buraco, reentrância ou anel. Algumas vezes essas reentrâncias estão bloqueadas, o que é bastante revelador. Maçãs, melões, vacas, castanhas — todas essas palavras fazem parte do nosso vocabulário diário e, portanto, encerram dicas.

Um homem sonha com um fogo se apagando. Ele pega um atiçador antiquado e começa a atiçar as chamas. O fogo pega rapidamente, mas ele o atiça com tanta violência que uma brasa cai para fora e o queima. Ele encontra um balde com água e a lança sobre as chamas. Esse sonho mostra que, no passado, ele alimentou deliberadamente uma paixão sexual, mas no final descobriu que não podia lidar com ela. Queimaduras deixam cicatrizes, o que indica que ele ainda carrega a culpa. O fato de jogar água sobre o fogo revela que ele consegue se manter no controle.

O sexo muitas vezes é descrito como "fogo" e os casais precisam manter acesa a "chama da paixão". Pense em expressões como "um fogo queima dentro de mim" — podemos também sonhar com uma torneira que fica seca, pois a água está associada às emoções.

Coelhos, serpentes, touros, lobos e unicórnios freqüentemente representam símbolos sexuais. Os coelhos por serem tão férteis, as serpentes por sua semelhança com o espermatozóide, os touros por sua virilidade e os unicórnios por causa dos chifres. Obviamente estamos todos familiarizados com a fama do lobo.

Uma mulher sonha que está com o namorado num chalé de veraneio, cujas paredes estão caindo. De repente, surge um magnífico unicórnio, com o chifre curvado para baixo. Bufando de raiva, ele investe contra o chalé. O namorado corre, enquanto ela se ajoelha diante do unicórnio. O sol está se pondo. Esse sonho revela que seu refúgio temporário está ruindo. O unicórnio representa suas necessidades sexuais. Ao investir contra o chalé, assusta seu namorado enquanto ela se submete a ele. O sol se pondo mostra que a relação está no fim.

Num outro cenário de sonho, uma mulher vê ovelhas sendo atacadas por um lobo e o fazendeiro soltando cães de caça para matá-lo. O lobo, com o pêlo tosado, rasteja-se próximo a ela na saliência de um rochedo. A mulher se transforma num cão de caça e depois em ser humano novamente. A saliência é precária e feita de novelos e algumas saias. Ela sabe que vai cair. Isso indica que alguém de quem ela gosta adquiriu fama de lobo e está sendo perseguido pelos colegas. Ela também se torna uma cúmplice da sua queda. Sem ser inteiramente inocente, fica numa posição difícil com relação a essa pessoa. A sensação de que vai cair revela que terá de confessar. Sua vida se baseia em idéias de romances de amor e perder a saia pode significar desejo sexual. Isso mostra uma necessidade de excitação combinado com culpa.

É perfeitamente normal os homens terem ereções e as mulheres ficarem úmidas durante o sonho, pois as imagens estimulam os sentidos. Os sonhos são muito mais excitantes do que filmes pornográficos ou obscenos, pois participamos realmente deles. Muita gente acha isso terrivelmente constrangedor, mas nada mais é do que a mente nos mostrando que não somos impotentes ou frígidas. O problema é que na vida real, nossos parceiros simplesmente não nos excitam.

Algumas pessoas não têm uma vida amorosa satisfatória, o que pode levá-las a dar escapadas, a apaixonar-se ou a adorar um ídolo ou herói a distância. Se quisermos, podemos criar nosso amante perfeito ou curtir nossas fantasias sexuais por meio de sonhos incubados. Além disso, se tivermos propensão à perversão sexual, podemos nos entregar a elas durante o sonho, onde não existem limites.

Primeiro analise seus sonhos de amor, se os tiver. No sonho, seu amante é sempre alto, moreno e bonitão, loiro, exótico ou você varia? Como é ele em comparação com o seu parceiro? Como são os primeiros estágios da relação com o amante do sonho? Você o estimula e participa ativamente ou ele precisa se encarregar de todas as preliminares? O que a excita e ajuda a atingir o clímax? Reviver nossas fantasias oníricas quando estamos fazendo amor pode melhorar nossa vida sexual, fazer nosso corpo despertar e começar a responder novamente aos nossos parceiros. Algumas vezes preferiríamos não encarar os nossos medos e preconceitos, e por isso nos escondemos deles.

Siga o procedimento da incubação, tomando notas de todos os atributos que gostaria que essa pessoa tivesse. Se puder, faça um desenho. Não use fotos de pessoas reais, pois existe a possibilidade de um contato durante o sonho e não temos o direito de invadir a privacidade de outras pessoas. De qualquer forma, elas raramente correspondem às nossas expectativas e poderíamos ficar extremamente desapontados. Em vez disso, crie uma pessoa que seja especial para você. Isso irá estimular sua energia sexual e melhorar significativamente a sua vida amorosa.

Antes de dormir, imagine o lugar ideal para fazer amor. Em seguida, imagine o parceiro sexual ideal, com quem lenta e sensualmente irá desfrutar uma noite de amor inesquecível. Quando pegar no sono, seus sonhos se apoderarão dessas imagens e você terá experiências exóticas e mágicas. Pense na possibilidade de que esse sonho se torne realidade. De manhã, você não vai querer sair da cama.

É preciso ter certa prática e, no início, você pode ter algumas companhias inesperadas. Pode ser que se surpreenda com algum bobão nada atraente que tenha de despachar. Se isso ocorrer, repita todo o processo desde o início. Persevere e as coisas em breve irão melhorar. Para quem está faminto por sexo ou está respeitando um celibato, os amantes dos sonhos trazem uma felicidade inenarrável. Além disso, há ocasiões num bom relacionamento em que sentimos necessidade de variar um pouquinho. Arrumando um amante em sonhos não estragaremos as coisas com nosso parceiro. Vá em frente e divirta-se.

Não é preciso temer diversões ou perversões sexuais durante os sonhos. Todos nós podemos imaginar essas coisas de vez em quando. Além de não magoar ninguém, temos a oportunidade de analisar o motivo que nos leva a precisar desses sonhos. Estamos transformando as coisas que deveriam ser agradáveis em algo sádico ou masoquista? Ou estamos, na verdade, ocultando essa parte da nossa natureza?

A gravidez e o parto podem estar associados com sexo e necessidades sexuais, mas em geral qualquer forma de gestação ou nascimento está ligada à criatividade. Entretanto, partos dolorosos, bebês prematuros ou com defeitos, doença na gravidez e a perda da silhueta esbelta podem indicar medo das conseqüências de um determinado comportamento sexual e revelar fragilidade ou impotência. Sonhos com contraceptivos geralmente constituem um aviso claro para ter cuidado. Não é preciso que eles tenham necessariamente uma conotação sexual, sendo aplicável a qualquer forma de proteção.

O estupro demonstra algum tipo de invasão da privacidade ou que alguma coisa nos está sendo imposta. Entre outras coisas, significa tirar vantagem de fraquezas, tomar alguma coisa à força ou obrigar uma pessoa a agir contra a sua vontade. O estupro deveria ser analisado sempre sob os dois pontos de vista, pois freqüentemente vemos apenas o lado feminino. Algumas vezes, o sonho em que se está estuprando simbolicamente as visões arraigadas de uma pessoa tem um significado particular.

Meu irmão observa enquanto eu me dispo, e eu o ignoro. De repente, ele me agarra e tenta me beijar. Eu o estrangulo, mas sei que não posso fugir. Sinto nojo do que ele está tentando fazer comigo.

Ser observada enquanto se despe mostra que você se sente exposta, e o estupro indica que estão lhe impondo coisas indesejáveis e desagradáveis. Está na hora de você começar a assumir a sua vida.

Nudez

Sonhos de nudez são extremamente comuns, pois estão associados à vulnerabilidade. Esses sonhos sobrevêm quando não conseguimos atingir nossos objetivos ou alcançar os padrões que estabeleceram para nós. A mente que sonha enfatiza essa exposição. A nudez pode indicar também inocência, uma abordagem juvenil ou uma falta de preparo que leva a pessoa a ser surpreendida. Nessa categoria estão também os sonhos de ser pego com as calças arriadas, com o zíper aberto ou sentado no vaso sanitário, quando a porta se abre repentinamente ou as paredes ruem.

Nos sonhos de nudez, muitas vezes todos estão conscientes da nossa situação. Esse fato mostra que estamos fazendo papel de tolos na vida real, apesar de não estarmos conscientes disso. Outras vezes, contudo, ninguém parece perceber. Isso indica que nossos receios do que os outros possam estar pensando sobre nós não passam de projeções infundadas e que não há nada com o que se preocupar. Em outras ocasiões, simplesmente não nos importamos que as pessoas nos vejam nus. Isso mostra que ignoramos restrições ou atitudes obsoletas.

Acontece também de vermos outras pessoas nuas, o que mostra que podemos penetrar por trás da fachada que elas ostentam. Suas reações no sonho mostram o quanto elas estão conscientes. Às vezes vemos uma versão do filme "A Roupa Nova do Imperador", onde ele não tinha consciência de que estava nu e todos o lisonjeavam e admiravam. Inconscientemente, ele fazia papel de tolo. Esse poderia também ser o nosso caso.

Na maioria das vezes, as roupas representam nossa imagem exterior. Quanto tempo dedicamos aos cuidados com a aparência e quanto dinheiro gastamos com ela? Reflita sobre a maneira como nos vestimos para as diversas ocasiões e situações. De vez em quando, obviamente, é muito gostoso e relaxante ficar nu.

11

Compreensão dos sonhos (4) — A mansão da alma

No Capítulo 3, mencionou a afirmação de Jung de que vivemos numa linda casa — a mansão da alma. E esse geralmente é o significado de lares ou casas no mundo dos sonhos. São estruturas protetoras que erguemos ao nosso redor desde que nascemos, a forma como nos mostramos ao mundo exterior. Muitos intérpretes de sonhos relacionam o interior das casas com o corpo. Elas podem representar também o nosso lado mental e emocional, tudo aquilo em que cremos.

Nos sonhos, a casa pode aparecer como qualquer um dos tipos de casa encontrados comumente em **metrópoles e cidades**, incluindo de mansões elegantes a residências humildes, de grandes coberturas a favelas, de finos apartamentos a choupanas e barracos, com toda a imensa gama de possibilidades entre elas. Essas casas representam a nossa imagem com relação aos outros, a qual demonstra uma certa interdependência, mas ao mesmo tempo com caráter independente.

Já as **casas situadas em zonas rurais** apresentam-se principalmente de duas maneiras. Geralmente são independentes, ou bem separadas ou bem próximas umas das outras. As bem próximas são encontradas em cidadezinhas e são agrupadas em prol do bem comum. Existem ainda os castelos, as propriedades rurais, as casas de pau-a-pique e as cavernas. Essas últimas em geral representam o útero.

Estou fascinado por uma casa de sapê, de pé direito baixo, a qual me enche de medo embora seja familiar. Minha mãe é sugada para dentro dela. Sinto-me aliviado que isso tenha acontecido com ela e não comigo, mas logo em seguida ela está de volta e eu sou sugado.

Tanto a aparência da casa como a presença da mãe revelam que o problema é antigo, provavelmente relacionado com a juventude da pessoa. Sonhar com algo velho muitas vezes significa estar desgastado e cansado. A pessoa obviamente quer que a mãe assuma a responsabilidade por seus problemas e por isso a suga, tentando usar sua energia. Entretanto, isso não funciona, pois a mãe é cuspida para fora e ela é forçada a enfrentar a situação.

Existe também a casa móvel. Nesse caso trata-se de caravanas, de trailers, de casas flutuantes, de tendas indígenas, de barracas, de iglus e de casas de sapê. Cada uma, à sua maneira, indica uma atitude diferente com relação à vida. Essas casas mostram também falta de raízes e caráter transitório, uma relutância em criar um vínculo permanente. Do ponto de vista da saúde, indicam que a pessoa está evitando abordar uma determinada questão.

O **estado de conservação** de uma propriedade é importante, pois representa a fachada que exibimos ao mundo. Uma casa em condições absolutamente impecáveis constitui um bom presságio. As ruínas falam por si só. Uma casa que apresenta algum defeito pode ser uma indicação de algum problema físico. Uma casa com paredes descascadas que precisam de uma demão de tinta, e cujas dobradiças das portas e das janelas estão se desprendendo, significa que precisamos analisar nossos níveis de depressão, o estado da nossa pele e o quanto estamos nos exercitando.

Os **locais de aprendizado** — escolas, universidades e museus, estão relacionados com lições de vida que precisam ser assimiladas; **locais de entretenimento** como teatros, circos e parques de diversão denotam uma fachada, algo que não é aquilo que aparenta ser, ou a atitude de enfrentar alguma coisa com coragem. Será que estamos olhando por trás da nossa própria máscara? Os locais de restrição como cadeias e presídios pedem que as pessoas examinem partes do corpo que estejam bloqueadas ou a ponto de explodir.

Sonhei que estava numa grande loja de departamento. As pessoas entregavam objetos a um homem para que ele os vendesse. Fiquei ao lado do balcão segurando alguns biscoitos. O homem pegou um, comeu e disse que era muito gostoso. Eu deveria falar com ele mais tarde, mas não o fiz.

Nesse caso, a pessoa está num local de muitas opções, onde pode vender seus talentos ou adquirir outros. Entretanto, eles estão sendo usados para alimentar terceiros e não a si mesma. Ela poderia mudar isso, mas decide não se dar ao trabalho. Esse é um sonho de inércia e seria bom a pessoa examinar seu abdome.

Locais de adoração geralmente aparecem em sonhos mais profundos e indicam que estamos entrando em contato com nossos níveis mais elevados. Igrejas e catedrais tendem a representar o somatório de todas as nossas crenças espirituais. Muitas vezes sentimos um grande respeito por outros seres ou por energias que nos tocam profundamente e temos consciência dessa presença. Em geral sentimos uma grande paz ou entramos em meditação. Quando esses locais estão danificados, mostram descaso pela área da cabeça. Cemitérios podem ser locais que provocam medo, ou revelam a necessidade de entrar em contato com o passado. Podem significar também que parte do corpo está "morrendo" e, portanto, que seria bom consultar um médico.

Eu estava bastante preocupado e percebi que estava num local parecido com uma igreja. As poucas pessoas presentes me ignoravam. Subi vários lances de uma escada suja que levava a uma torre, na esperança de obter uma visão melhor.

A pessoa em questão está procurando conforto, mas como é cético ou um visitante esporádico, ninguém o cumprimenta. Os caminhos que podem levá-lo a obter conselhos existem, mas estão empoeirados e são pouco utilizados.

Os **templos** podem ser representados por prédios antiqüíssimos e enormes, formações naturais ou grupos de árvores. Além de a sensação de ritual ser muito mais forte, muitas vezes há também um sentimento de expectativa. Pode ser que haja algum indício de sacrifício, combinado com sentimentos de poder e impotência. Examine o coração, a garganta e o estômago — áreas atacadas em sacrifício.

Os **telhados** são particularmente importantes, uma vez que representam proteção contra as tempestades da vida. Se estiverem caindo, pode ser que as coisas estejam desabando à sua volta. Se estiverem com vazamento, pode ser que fatos irritantes o estejam afetando emocionalmente. Você precisa subir no telhado e realizar suas aspirações.

As **chaminés** simbolizam uma ligação com níveis mais elevados. Muitas vezes não são usadas, estão entupidas ou nem existem. Dessa forma, o fogo da lareira não pode permanecer aceso, pois não há corrente de ar para transportar a nossa energia em direção ao céu. Boa ventilação é essencial. A pessoa deveria verificar se não está com algum problema respiratório.

O **acesso** para a casa é importante. No seu sonho, quantos obstáculos existem até a casa? Você está se mantendo afastado do mundo, sem deixar que ele entre em contato com você? Por outro lado, se tem estado demasiadamente acessível, pode ser que o sonho esteja lhe dizendo para erguer algumas barreiras. Pode ser também uma demonstração clara das próprias limitações, indicando que a pessoa está exausta porque não sabe dizer "não".

O mesmo se aplica a **portas, venezianas, cortinas** e **janelas**. É bom ser hospitaleiro e não se isolar, mas algumas vezes é importante fechar as janelas e passar a tranca nas portas para não ficar tão vulnerável.

Um amigo me chama da janela de um dos andares de cima e me aconselha a ter cuidado com minhas coisas. Fico apavorado em meu apartamento ao descobrir que a fechadura da porta desapareceu. Olho à minha volta e não dou falta de nada.

Essa pessoa está sendo orientada por um nível mais elevado e, portanto, precisa ficar atenta. A fechadura desaparecida revela falta de proteção e sugere um sistema imunológico debilitado.

Ao voltar para casa encontrei a porta destrancada e vi que havia gente lá dentro. Pedi que todos esvaziassem os bolsos e se retirassem.

Nesse caso a pessoa está ressentida com uma invasão à sua privacidade, mas demonstra somente uma leve irritação. Esse sonho pode representar uma virose que foi curada.

Atravessar portas, portões e outras formas de barreiras pode denotar também uma mudança para um outro nível de conscientização. Fique atento a isso.

Fui guiado através de uma escadaria para um tribunal onde pessoas estavam sentadas diante de escrivaninhas. Em seguida, atravessamos um portão de ferro forjado e chegamos ao terceiro andar. Lá dentro havia três bolas que começaram a ser equilibradas em malabarismo.

A pessoa está sendo levada a analisar seus problemas, mas precisa fazer julgamentos claros antes de prosseguir. Ela pode atingir outro limiar onde as coisas têm de ser equilibradas para produzir resultados. Pode significar a necessidade de ser hospitalizada.

Se você estiver na **frente da casa**, tome nota dos detalhes que possa ver. Por exemplo, a casa tem uma aparência receptiva (cortinas e janelas abertas, portas entreabertas, um jardim convidativo)? Está em boas condições? E o telhado e a chaminé — oferecem boa proteção? Ela tem uma aparência pouco receptiva (com todas as portas e janelas cerradas e protegidas com venezianas ou cortinas)? Pode ser que a porta de entrada fique localizada na lateral da casa. Talvez todo o lugar precise de reparos e de decoração. Todas essas descrições representam o estado mental, emocional e físico da pessoa que está sonhando. Estamos bem equilibrados ou profundamente deprimidos?

A porta da frente leva a um local de transição, o *saguão*. Sempre que estamos nesse local num sonho, sabemos que estamos num momento de decisão. Prosseguir significa deixar o mundo lá fora e poder escolher em que cômodo entrar. Sair mostra um compromisso assumido e uma decisão tomada.

A *cozinha* muitas vezes é o primeiro porto de escala. Ela está associada à alimentação em todos os níveis, ou seja, à necessidade de nos alimentarmos física e espiritualmente, mas também está associada à fome. Além disso, constitui um local criativo para misturar vários ingredientes diferentes. Pense na forma como essa cozinha do sonho se manifesta. Os armários estão vazios? Pode ser que a sua vida atualmente esteja estéril e que você precise tomar alguma providência para mudar essa situação. Em contrapartida, o sonho poderia estar relacionado com excesso de alimentação, indicando que seria bom fazer jejum por alguns dias. Em ambos os casos, existe falta de amor. Verifique também seu sistema digestivo.

Se a cozinha estiver bem abastecida, analise novamente os dois lados da moeda. Pode ser que você esteja transbordando de amor, que tenha muito para dar e devesse começar a compartilhar. Outra alternativa é que esteja na hora de fazer um jejum. Você está ficando muito gordo ou muito magro?

As cozinhas estão associadas também a alimento para a mente e podem indicar que você deve começar a analisar as coisas com maior profundidade. São geralmente cômodos aconchegantes, confortáveis e seguros, onde você não precisa se esconder atrás de uma fachada. Além de serem locais perfeitos para compartilhar uma xícara de café, são bastante criativos — locais onde podemos nos expressar sem fingimento. Entretanto, a limpeza deve ser levada em consideração. Poderíamos estar nos contaminando ou contaminando outros? O que temos a oferecer está passado ou estragado? Estamos partilhando nosso lado corrompido? Estamos oferecendo veneno?

As **portas dos fundos** são bastante privativas e reservadas, levando muitas vezes diretamente da cozinha ao **quintal**. Enquanto a cozinha no sonho está associada à nutrição, o quintal representa nosso lugar secreto e seguro. Para alguns, porém, representa um lugar árido, pouco atraente e cheio de lixo. Muitos de nós temos um "jardim secreto", uma imagem mental de um local bonito e seguro, geralmente fechado, e ao qual só nós temos acesso. Ninguém pode entrar sem ser convidado. Trata-se de um local de meditação, onde podemos curar nossas feridas. Esse é um bom pano de fundo para uma imagem de incubação.

Precisamos refletir também sobre o conteúdo do jardim. Se for composto principalmente por legumes e verduras, é um local de sustento, assim como a cozinha. Quer seja excessivamente organizado e arrumado, quer seja selvagem, novamente estará revelando nosso caráter. É bom lembrar que as ervas daninhas são apenas plantas que crescem num local que consideramos impróprio. Se o jardim estiver precisando ser podado, talvez você não o tenha visitado ultimamente e, portanto, esteja menosprezando o processo de recarregar as baterias.

Para chegarmos ao **subsolo** e ao **porão**, normalmente temos de descer. São os locais onde colocamos todas as coisas que não queremos, principalmente as desagradáveis. Tudo o que preferiríamos esquecer ou esconder guardamos lá embaixo. É comum sentirmos medo no sonho quando nos aproximamos do porão. Não queremos enfrentar todos aqueles momentos de grande constrangimento, ou as vezes em que trapaceamos, roubamos, injuriamos, mentimos ou nos entregamos à luxúria. Todas as coisas de que não queremos de maneira alguma que o mundo tome conhecimento estão escondidas no porão. Nós as transformamos em monstros, levamos para baixo e conservamos a porta bem fechada. São elas que povoam o mundo dos pesadelos e dos sonhos recorrentes.

Entretanto, a mente que sonha não permite que possamos nos dar ao luxo de ignorá-las, sobretudo nos momentos de fraqueza. Assim, quando surge uma situação vulnerável na vida real, o inconsciente abre a porta do porão enquanto dormimos. A única forma de retirar essas coisas abomináveis do porão consiste em enfrentá-las, admiti-las e nos reconciliarmos com elas, conscientes de que a honestidade constitui a melhor cura. Precisamos analisar também nossos processos físicos de eliminação. Estamos com prisão de ventre?

Como sempre, entretanto, os subsolos e os porões apresentam outro aspecto. São também locais onde são armazenadas coisas importantes, como carvão e combustível para aquecer a casa, além de objetos esperando para serem reciclados e vários itens práticos. E o vinho! Às vezes, o fato de sonharmos com adegas mostra que precisamos mergulhar dentro de nós mesmos e entrar em contato com a nossa sabedoria interior, ou até mesmo hibernar por algum tempo.

A **sala de estar** representa as circunstâncias atuais, sobretudo com relação às pessoas que nos cercam. É preciso atentar para a aparência da sala. O lugar é convidativo e arrumado? É organizado e limpo? É tão desarrumado que atravessá-lo é o mesmo que vencer uma corrida de obstáculos? Está coberto por lençóis para proteger contra o pó? O estado do ambiente nos dá uma indicação clara do estado da nossa vida. A sala está bastante ligada ao coração e a todas as suas funções.

Estou numa sala grande de uma casa velha e vazia, salvo por uma lareira e uma grande mala. Sinto que há um cadáver na mala e que eu sou culpado.

O ambiente está dominado pela presença da mala porque esse problema é muito grande na vida dessa pessoa. A mala contém algo que há muito ela julgava estar morto e enterrado. Esse problema precisa ser enfrentado para que ela possa se libertar totalmente. A lareira denota que seus níveis mais elevados oferecem ajuda. Esse sonho também pode estar relacionado com o coração e com uma doença da qual a pessoa pensava estar curada.

A **sala de jantar** difere um pouquinho da cozinha, pois está ligada a uma alimentação mais formal, muitas vezes numa escala maior. Ela poderia estar associada à necessidade de impressionar os outros. Trata-se de um lugar de assimilação, digestão e comunicação. Por outro lado, pode ser fria, pouco convidativa e tão formal que nos sentimos rejeitados.

Embora o **escritório** geralmente seja um local de trabalho, no contexto do sonho vale a pena refletir sobre o seu verdadeiro significado, ou seja, um local destinado à leitura e à escrita, ao trabalho intelectual. Isso pode ser aplicado igualmente a uma biblioteca. Entretanto, esta última poderia revelar que você precisa localizar determinado livro ou até mesmo escrever um. Poderia estar lhe dizendo também para descobrir o que há de errado com você fisicamente.

Escadas e **elevadores** podem estar associados à transição, mas podem estar ligados também à jornada da vida. Nesse contexto, indicam mudança de nível. Além de revelarem se podemos ascender ou não com segurança, dão-nos a oportunidade de fazer contato com nossos níveis mais profundos. Fique atento às partes da casa que estão sendo interligadas. Ao associar problemas de saúde aparentemente não relacionados, elas podem estar indicando um dos sistemas do corpo.

Tentei subir algumas escadas de pedra que de repente passaram a descer. À medida que eu descia, elas mudavam novamente e eu ficava do lado de fora. Os degraus de pedra estavam gastos e ervas daninhas cresciam entre eles. Eram como escadas ilusórias nas quais podemos subir e descer indefinidamente em círculos.

Toda vez que a pessoa pensa ter alcançado um novo patamar, volta à estaca zero. Ela permanece num círculo vicioso. As ervas daninhas revelam um problema antigo. Chegou a hora de dar um basta.

Estou em pé no topo de uma grande escada. Um amigo começa a sacudi-la e me pede para descer. Peço que pare, mas ele ignora. Ele está segurando uma faca afiada com a qual estava descascando um legume e um saco de aipos frescos. Acordo assustado.

A pessoa está subindo os degraus da escada da vida e descobre que alguém está abalando suas bases. O amigo está lhe dizendo para eliminar um pouco da sujeira e parar de ignorar as necessidades básicas da vida. Ela está com medo de descer e perder seu *status*. Outra alternativa é que esse sonho possa estar ligado à necessidade de uma cirurgia.

Os **banheiros** estão associados à limpeza. Eles oferecem uma oportunidade de analisar a sujeira que acumulamos em todos os níveis do nosso ser. Usando imagens mentais para exteriorizar, somos capazes de nos livrar da negatividade. Torneiras pingando podem indicar uma persistência irritante. Fique atento a qualquer esforço exigido para ficar limpo e preste atenção se está se lavando da cintura para baixo. Esse sonho está claramente relacionado com o sistema urinário.

O banho em si também pode encerrar algum significado. Entregar-se ao prazer de um longo banho pode ser bastante diferente de tomar uma chuveirada rápida. Além disso, a temperatura da água pode ser muito importante. A água quente não é necessariamente sinônimo de prazer e às vezes pode revelar que precisamos de um aquecimento. O banho frio ou fresco geralmente tem associações desagradáveis — a menos que você esteja em apuros e precise esfriar um pouco — e pode indicar febre ou ondas de calor.

Eu estava tomando banho quando vi pela porta que meus irmãos estavam fugindo de um grande dinossauro. Sem saber o que fazer, escondi-me debaixo da cama.

O banho nesse caso indica que a pessoa está "lavando as mãos" com relação a algum problema que está assumindo proporções gigantescas. Os irmãos fugindo do dinossauro revelam falta de apoio externo. As camas não oferecem uma boa proteção contra dinossauros — no final, ela terá de enfrentar o problema sozinha.

Vasos sanitários, lavabos e lavatórios estão associados à sensação de alívio e à liberação de coisas que foram processadas de forma inadequada e não são mais desejadas. Quando compreendemos a mensagem, o resultado é espantoso. Pense no alívio que você sente quando faz xixi depois de estar com a bexiga estourando! Esses sonhos freqüentemente estão ligados ao *stress* e à tensão do cotidiano. Entretanto, urinar pode representar simplesmente uma necessidade física traduzida no sonho, assim como fazer xixi na cama.

O ato de defecar está ligado à eliminação de lembranças ou experiências indesejáveis. Estranhamente, muitas vezes está associado à riqueza — por exemplo, dinheiro sujo.

Sonhei que estava coberto de excremento num lavatório e não encontrava nada com o que me limpar. Saí e todos os outros compartimentos estavam cheios de excremento. Era nojento.

No dia seguinte, essa pessoa ficou sabendo que depois de uma longa batalha judicial seu divórcio havia sido homologado, e que como parte do acordo iria receber uma grande soma — mais dinheiro do que já tinha visto em toda a sua vida.

Estou procurando um vaso sanitário. No final, encontro um do lado de fora do compartimento, sem privacidade. Continuo procurando e encontro outro ainda mais público, colocado num palco com bastante iluminação.

A perda da privacidade revela algum tipo de ameaça e o vaso sanitário mostra a necessidade de se livrar de cargas e problemas na vida real. A pessoa admite isso, mas não é forte o bastante para tomar uma providência. Estar em evidência é insuportável e a pessoa sente que todos podem vê-la.

Se você estiver trancado do lado de fora do compartimento do banheiro em seu sonho, pode ser uma indicação de que não consegue se libertar do seu problema. O mesmo pode ser aplicado quando você não conseguir encontrar um vaso sanitário em lugar nenhum.

Quando somos crianças, os **dormitórios** geralmente são locais secretos, aonde vamos e trancamos a porta para fazer o que bem entendermos. Portanto, eles estão ligados a escapismo, aos prazeres secretos e às fantasias. Mais tarde, quando encontramos um parceiro e o aspecto sexual entra em ação, deixamos que esse espaço seja invadido. Se estivermos compartilhando um quarto num sonho, precisamos observar atentamente os outros ocupantes. Esses sonhos podem estar relacionados ao hábito de fingir estar doente para fugir de obrigações ou então a problemas sexuais.

Sonhei que eu estava tentando arrumar a cama depois de fazer amor com meu marido, mas o lençol estava dividido em pequenos quadrados que eu tentava juntar para que certas marcas não aparecessem. Percebi que minha sogra estava sentada no canto do quarto com olhar de desaprovação, usando um babador e chupando o dedo.

Essa mulher tinha problemas reais com a sogra, que a desaprovava como nora. A sogra morava com eles e deixava bem claro que considerava sexo algo sujo. O casal tinha medo de que ela pudesse ouvi-los. Ela freqüentemente recorria a comportamentos infantis para angariar simpatia e mantê-los separados.

Os **sótãos** são locais de depósito, mas geralmente representam um nível mais espiritual, no qual preservamos nossos pensamentos mais elevados para uso futuro. Na maioria das vezes, aparecem negligenciados nos sonhos, pois muitos de nós abrimos mão do nosso lado intuitivo e inspirador em favor do mundano e material. Portanto, quando chegamos ao sótão no sonho, muitas vezes ele está coberto de poeira e de teias de aranha. É importante explorar essa área e compreender verdadeiramente quaisquer objetos que possa encontrar. Além disso, tente limpar as janelas e deixar entrar um pouco de luz para que possa ver.

Todos os quartos estão excessivamente desarrumados. Uma amiga aparece e faz comentários bastante rudes com relação à bagunça, sobretudo nos andares superiores, dizendo que não sei administrar minha casa. Diz que é melhor que eu a limpe. Em seguida, oferece-se para ajudar.

Chegou a hora de essa pessoa organizar sua vida e abrir espaço para coisas novas. A amiga a está avisando para proteger a si mesma. Esse sonho está associado à imunidade e a uma possível necessidade de tomar uma vacina.

12

Compreensão dos sonhos (5) — Outros símbolos

Nossa jornada pela vida

Um dos principais temas que devemos procurar nos sonhos são as viagens, pois elas estão ligadas à jornada que empreendemos em nossa vida. Se analisarmos com atenção, veremos que de alguma forma elas estão sempre presentes nos sonhos, quer seja por terra, por mar ou pelo ar. A forma como você viaja é bastante significativa, pois geralmente fornece dicas sobre problemas de saúde (ver Capítulo 8). Se durante o trajeto você estiver sem fôlego ou seus pés estiverem doendo, procure fazer associações.

Quer esteja andando a cavalo ou utilizando qualquer tipo de transporte — por terra, por mar ou pelo ar —, o importante é saber quem está dirigindo. Se for você, então você precisa refletir sobre o que está dirigindo e de que maneira. Você está no comando ou sendo levado para dar uma volta? Esse ponto é crucial, pois muitas vezes somos manipulados sem perceber. Na cura pelos sonhos, esse é um símbolo muito importante. Precisamos adquirir controle sobre a nossa doença.

Se você estiver andando a **cavalo** e o animal estiver galopando ou dando pinotes, uma energia realmente poderosa está em ação, e com certeza você não está no comando. Se o cavalo estiver sendo conduzido facilmente, obedecendo a todos os seus comandos, essa energia poderosa está nas suas mãos.

Os **carros** representam a nossa personalidade (e até certo ponto o nosso corpo) e exibem muitas facetas. É espantosa a quantidade de informações que pode ser obtida pela simples análise do carro de um sonho. Preste atenção no tipo de carro. Às vezes nosso desejo é dirigir um sexy modelo esportivo, mas o mais freqüente é que ele seja um modelo mais popular. Não é preciso fazer listas enormes com interpretações para os diferentes formatos, marcas e tamanhos, pois com um pouquinho de bom senso você fará suas deduções. Entretanto, lembre-se de que carros importados indicam que você pode estar num ambiente estranho, que está acontecendo alguma coisa estranha no trabalho ou há algo de errado com o seu corpo.

A cor geralmente é muito importante, já que indica o quanto você deseja brilhar ou se preservar (ver página 160). O mesmo pode ser aplicado ao tipo de capota (conversível ou cupê). O carro tem dois assentos ou mais? O estado de conservação também é significativo. Ele é novo, comum, velho, enferrujado, sujo ou polido? Qualquer um desses fatores pode ser aplicado à nossa personalidade. Podemos dizer o mesmo do motor. Ele pega na primeira tentativa? Está em ordem ou quebra com freqüência?

Outro aspecto a ser analisado é se trocamos de carro no sonho. Estamos sempre variando, em outras palavras, testando imagens diferentes, ou permanecemos fiéis ao mesmo modelo até que ele caia aos pedaços? Na verdade, está na hora de levá-lo para o ferro velho? Tudo isso se aplica a outros tipos de veículos — barcos, aviões, bicicletas, entre outros.

Depois de levar todos esses aspectos externos em consideração, veja se ele está em movimento ou parado — simplesmente sem se dirigir para lugar algum? Ele parou por um bom motivo? Se você estiver dirigindo, quer dizer que está assumindo uma parte ativa da sua vida. Caso seja passageiro, fique atento, sobretudo se não houver motorista. Tente identificar quem pode estar guiando a sua personalidade. Você está constantemente sendo empurrado para o lado ou está feliz por ser conduzido por outra pessoa? Pode ser que você seja um passageiro que viaja no banco de trás. Nesse caso, quem você permitiu que assumisse a direção? Quem você quer que dirija a sua vida no seu lugar? Ou será que está apenas sendo mandão?

Por fim, existe mesmo algum motorista? Alguém está realmente no controle? Talvez você nem esteja no carro. Ele está apenas estacionado ou nas mãos de outra pessoa? Esses são símbolos poderosos para visualizações incubadas em sonhos.

No caso dos **transportes públicos**, transferimos a responsabilidade do nosso progresso para outros, representando, talvez, um médico ou um hospital. Pode ser que o fato de utilizar transportes públicos num sonho não passe de mera conveniência, sem ter necessariamente um grande significado. Por outro lado, poderia denotar que estamos deixando o sistema dirigir a nossa vida, o que poderia nos prender a uma rotina e nos impedir de expressar nossos pensamentos livremente. Ou, obviamente, poderia estar apenas nos colocando nos eixos, impedindo-nos de sair dos trilhos. Reflita sobre isso quando qualquer tipo de **trilho** aparecer no seu sonho: ônibus elétrico, trem, *monorail*, entre outros.

Em seguida, nosso progresso precisa ser analisado. Depois de ter transferido a responsabilidade, para onde estamos sendo levados? Trata-se de algum lugar aonde desejamos ir? Quem está no controle da situação? Estamos nos deslocando livremente ou o trânsito está congestionado? O clima está interferindo? Ou tudo está indo de vento em popa?

Analise os diversos tipos de **propulsão**. Em primeiro lugar, temos **nossos próprios pés** e nossos próprios esforços. Em segundo, **as forças naturais**, ou seja, vento e correntes de ar, água com corredeiras e ondas, neve com avalanchas e gelo, terra com desmoronamentos, terremotos e erupções e a própria gravidade. Em terceiro, **o poder animal**, quer seja nos carregando ou nos puxando. Por fim, temos a modalidade feita pelo homem, o **motor**. E, obviamente, podemos ter combinações desses aspectos.

É fácil compreender isso quando percebemos que, quer seja a pé, quer seja utilizando apenas nossos meios físicos, nós é que somos os responsáveis. Quanto às forças naturais, muitas vezes estamos à sua mercê, não importa o quanto nos consideramos espertos, mas até certo ponto podemos utilizá-las. Embora o mesmo se aplique ao poder animal, é importante perceber que nesse caso duas mentes estão em ação. Com a última categoria, o motor, deveríamos estar no controle, mas muitas vezes isso não acontece.

O próximo ponto importante é a **direção**, pois está relacionada às nossas metas. A rodovia à frente está em boas condições ou cheia de buracos? Conseguimos ver aonde estamos indo? Estamos saindo por uma tangente, andando em círculos ou simplesmente andando sem rumo? Isso pode claramente estar relacionado com a maneira como conduzimos a nossa vida. Reflita sobre as diversas formas de se locomover. Todas elas podem ser aplicadas à jornada da nossa vida.

Ficar perdido, tomar o ônibus, trem ou conexão errados constitui um tema comum. Isso reflete que não temos uma direção clara ou estamos persistentemente tomando o caminho errado. Esses sonhos podem representar um grito de socorro, portanto preste atenção neles.

Outro tema bastante comum é o de perder o ônibus, trem ou conexão. Esse sonho ressalta oportunidades perdidas, chances desperdiçadas, excesso de trabalho e falta de tempo. Esses sonhos estão nos estimulando a abrir os olhos e parar de desperdiçar todas as oportunidades que surgem. Podem sugerir também que devemos parar de nos preocupar, pois sempre podem surgir novas oportunidades.

A consideração final sobre as jornadas diz respeito aos **impedimentos**. Com que freqüência nosso meio de transporte nos deixa na mão — recusando-se a pegar, dando partida e morrendo em seguida, ficando sem combustível, quebrando, furando o pneu, fervendo, soltando fumaça, congelando, ficando sem freio, saindo dos trilhos, perdendo o impulso, ficando preso na areia movediça, caindo num buraco ou afundando? Isso também está bastante associado ao fato de estarmos fora de controle, e é fácil de interpretar quando fazemos a ligação entre as imagens e a jornada da vida. Entretanto, não se esqueça de que uma parada pode ter um efeito benéfico. Estamos em rota de colisão ou alguém está tentando colidir conosco? Estamos nos descuidando e deixando de manter as coisas em boas condições de uso?

Outro empecilho consiste nos diversos tipos de **barreira**. Por exemplo, uma parede pode representar problemas atuais que estão inibindo o nosso crescimento. Uma parede nova indica que a barreira é recente; uma parede velha indica que o problema existe há bastante tempo; uma barreira desmoronando indica exatamente isso. Pode ser que haja uma forma de contornar essa barreira ou de passar por cima dela, ou talvez ela seja intransponível. Talvez ela possa simplesmente ser colocada abaixo. Do outro lado está o futuro. Você consegue ver sobre ela? Há alguma coisa do outro lado? Se não há nada, quer dizer que você não criou nada; se há algo, o que é? Se você não conseguir ver sobre a parede é porque ainda não está preparado para isso, ou talvez esteja obcecado demais por seus problemas atuais.

Outros tipos de barreira incluem abismos, bloqueios rodoviários, obstáculos, portões, rios, mar, fogo, portas, guardas, cães de guarda e becos sem saída, para citar apenas alguns. Qualquer coisa que bloqueie o caminho constitui uma barreira.

Animais

Desde tempos remotos, a humanidade vem usando animais como metáforas para o comportamento humano. Também somos animais e temos hábitos e instintos semelhantes. Portanto, pode-se dizer que eles representam o nosso lado instintivo. O instinto de se reunir e de se agregar são fáceis de serem reconhecidos no ser humano. As pessoas tendem a se unir para se sentir seguras e a participar de atividades porque outras estão participando. Em vez de nos isolarmos, queremos encontrar um par e nos misturar. Sucumbimos como animais à hierarquia social. Conhecemos nosso lugar nessa hierarquia e quando ultrapassamos a linha e ficamos arrogantes, somos rechaçados e colocados de volta no nosso devido lugar, como qualquer filhotinho.

Nos sonhos, os animais podem ser aspectos de nós mesmos ou representar emoções, medos ou possibilidades. Tome, por exemplo, o sonho de estar passeando com o cachorro. Os **cães**, nos sonhos, geralmente significam amigos. Se ele estiver no comando e puxando a coleira como um louco, é sinal de que estamos sendo arrastados vida afora pelos nossos amigos ou que estamos sendo impedidos de desempenhar o papel a que temos direito. Os animais são conhecidos também como guias e ajudantes nos sonhos.

Animais selvagens indicam sensação de liberdade, mas também instintos indômitos. Podem representar um aviso de que precisamos ser mais disciplinados para viver na civilização que impusemos a nós mesmos. **Animais domésticos**, por outro lado, denotam receptividade ou então preparo para trabalhar para o bem comum. **Animais engaiolados, enjaulados ou cercados** situam-se entre os dois tipos, pois algumas vezes são selvagens, outras, foram criados em cativeiro. **Animais de estimação** revelam um lado carinhoso da nossa natureza, mas podem indicar também que estamos sendo condescendentes.

Os animais estão associados às capacidades de transformação do xamã nos planos interiores. Em geral, ele tem seu próprio guia animal, que o protege e o orienta, permanecendo ao seu lado nas horas boas e ruins. Outras vezes, o espírito do xamã pode assumir a energia de um determinado animal, usando suas características instintivas para amenizar uma situação difícil. Um bom exemplo vem de uma amiga que sonhou que estava sendo atacada injustamente por um amigo no trabalho. Como o sonho era lúcido, ela se transformou num tigre e ameaçou seu algoz. Depois disso, praticamente não teve mais problemas no trabalho.

Todas as coisas que fazemos para os animais representam a forma como estamos tratando a nós mesmos ou às pessoas que nos cercam. Elas dispensam explicação. Tome, por exemplo, freios, cabrestos, rédeas, selas, coleiras, correntes, grilhões, argolas de nariz, gaiolas, jaulas, arreios, caça, banho, escovação, alimentação, tosquia, marca de ferro em brasa, chicotada — muitas dessas palavras são usadas como metáforas na nossa linguagem cotidiana. Em cada sonho precisamos refletir se estamos fazendo isso conosco ou com aqueles que nos rodeiam.

Anfíbios, que vivem na terra e na água, e criaturas como **peixes** ou **lagostas**, que vivem permanentemente na água, estão invariavelmente relacionados com emoções ou coisas que vêm à tona ou emergem do inconsciente. Portanto, se sonhamos com peixes, algo que é escorregadio ou esquivo ou até mesmo duvidoso, está se agitando ou tentando atrair a nossa atenção.

As **aves** podem ser gregárias ou solitárias. Representam o hábito de agregar, o instinto migratório e a capacidade de viajar grandes distâncias. Podem ser mensageiras ou, ao contrário, vigias. São capazes de observar de alturas consideráveis, pois têm uma visão aérea.

Cores

A maioria dos sonhos é colorida, mas geralmente não temos consciência disso, a menos que algum aspecto chame a nossa atenção. As cores criam atmosferas e podem ter um efeito intenso ou brando. Portanto, por exemplo, a predominância de vermelho no sonho permite duas interpretações: ou estamos com falta de energia e estímulo ou com excesso. Isso pode ser aplicado igualmente ao ambiente que nos cerca ou à roupa que vestimos no sonho. O sonho está ressaltando a nossa necessidade de assimilar o significado dessa cor.

Se as cores forem particularmente vívidas e fortes, pode ser que se trate de um sonho premonitório, embora essa não seja uma garantia infalível. Sonhar em preto e branco é muito comum e geralmente não tem nenhum significado. Algumas vezes, porém, pode denotar que a vida está sem cor, ou seja, monótona, ou que o sonho se refere ao passado, antes da invenção do processo tecnicolor.

Se ao se vestir pela manhã, você não se sentir bem com determinada cor e achar que ela o deixa abatido e triste, substitua-a imediatamente por outra que o faça resplandecer. Se não fizer a mudança, pode se sentir desanimado o dia todo, como se tivesse reduzido sua imunidade e ficasse vulnerável. O que vestimos e como nos sentimos influenciam a nossa aura, o campo de energia multicor que rodeia o nosso corpo. Seus sonhos podem mostrar que ao utilizar mal as cores você está se depreciando.

As sete cores do espectro, além do branco e do preto, têm um grande significado nos sonhos. As pesquisas mostram que elas exercem uma forte influencia na maneira como reagimos. Algumas correntes incluem o magenta, que está situado entre o vermelho, em uma das extremidades do espectro, e o violeta, na outra, e pode ser visto num prisma. Existem várias cores secundárias e terciárias, mas os significados das dez cores principais são bem típicos.

O **Vermelho** é a cor básica e está ligada à energia bruta. Podemos interpretar isso como capacidade de desempenhar tarefas manuais, vitalidade, força de vontade, estímulo e motivação. Por outro lado, pode simbolizar raiva, frustração, vingança, impaciência ou constrangimento e rubor. As pessoas que vestem vermelho tendem a ser físicas e a se expressar por meio do corpo. Entre as metáforas relacionadas ao vermelho estão: vermelho de vergonha; vermelho como sangue; estar no vermelho. A presença maciça dessa cor nos sonhos de cura revela que algo intempestivo e explosivo exige atenção imediata.

O **Laranja** é a cor dos grupos em que a energia bruta se fundiu e é usada para ações conjuntas. Está associado à união, expansão, sexualidade, amizade e sociabilidade, além de fertilidade e maturidade. É usada no uniforme de criminosos condenados e na túnica das ordens budistas. O laranja representa sociabilidade ou envolvimento na comunidade. O laranja-escuro era a cor usada pelos agiotas, e a flor-de-laranjeira simboliza fecundidade para as noivas. A predominância de laranja no sonho poderia indicar problemas sexuais ou de eliminação, ou que é importante juntar-se a outras pessoas.

O **amarelo** está relacionado com o intelecto, a autodisciplina, a perspicácia e o desprendimento, e seu reverso pode ser a crítica excessiva, o medo, o ciúme e o adultério. O amarelo freqüentemente está associado ao ouro, que é uma expressão de realização. Além disso, está ligado à digestão de alimentos e de informações. Na linguagem comum, o amarelo parece ter atributos negativos, portanto reflita sobre ele com cuidado: "amarelar"; amarelo desespero. Os franceses costumavam pintar as portas dos traidores de amarelo e Judas muitas vezes é retratado em amarelo.

O **verde** está ligado ao amor, à harmonia e à generosidade. Pode representar juventude, frescor e imaturidade. É considerada a cor da cura e do crescimento. De modo oposto, pode representar também inexperiência e ciúme e pode ser depressiva. Algumas metáforas relacionadas ao verde são: verde de inveja; jogar verde para colher maduro; verde como grama. Em algumas culturas, usar roupas verdes traz má sorte. Hoje em dia, é muito mais comum usar essa cor, mas ela poderia ser associada à camuflagem

O **azul** é a cor da paz, mas também da autoridade e do ensino. Paciência, perdão e compreensão também constituem alguns de seus atributos. Por outro lado, pode ser fria, isolada, afastada, passiva ou depressiva. Está freqüentemente relacionada à comunicação e à expressão oral. É usada em uniformes, representando igualdade. As metáforas com azul incluem azul celeste; bilhete azul; tudo azul; *blues* (música).

O **índigo** está associado à intuição e à capacidade de prever ou adivinhar, ou, em seu oposto, à lógica pura ou à obtusidade. Representa beleza e ascetismo. Essa é a verdadeira cor do crepúsculo e da alvorada, períodos de transição, quando a conscientização pode levar a uma percepção mais elevada. Não é uma cor muito usada.

O **violeta/roxo** está ligado à inspiração, à meditação, à conscientização espiritual e à religião. Nos tons com maior predominância de rosa, ela indica amor e compaixão. Suas características opostas são incapacidade de viver no presente, alienação, devaneio e isolamento. Nos tons mais escuros, é usado pela realeza e pelo clero, mas está se tornando cada vez mais popular em todas as suas nuances como uma cor espiritual. As metáforas ligadas a essa cor incluem roxo de paixão e roxo de raiva.

O **magenta** indica organização, capacidade de assumir a responsabilidade e altruísmo. Está relacionado com administração e gestão de grandes organizações. Seu lado oposto é a desorganização e a incompetência totais. Essa cor representa o lado espiritual do vermelho e, portanto, constitui uma mistura do material com a mente superior.

O **branco** representa a combinação de todas as cores do espectro e significa pureza, inocência, ausência de mácula, virgindade, simplicidade e candura. Em contrapartida, pode cegar ou ofuscar, impedindo-nos de ver claramente. Essa cor geralmente é usada como símbolo de inocência e pureza por noivas e bebês e também para contrabalançar a força das outras cores. Quando estamos deprimidos, o branco pode ser uma cor favorável. Entretanto, se você for muito pálido, isso não vai funcionar, tente algo mais vivo. Metáforas com essa cor incluem branco como a neve; branco como um lençol; em branco; branco de medo.

O **preto**, na verdade, é a ausência de cor. Está relacionado com luto, morte, funeral, noite, medo, mistério, ódio, vingança, tristeza e depressão. Mas pode ser também uma tonalidade que transmite grande conforto, retiro e sensação de bem-estar no escuro. Geralmente é usado para nivelar — o uniforme, o terno escuro, o vestido preto. Em seu oposto, pode evocar grandes paixões e medos no vestido sensual ou na capa longa. As metáforas incluem negro como a noite; lista negra; pôr o preto no branco; ovelha negra. Nos sonhos pode significar ofuscamento e deve ser considerado significativo.

E agora?

E agora, o que fazer? Se puder, reúna um grupo de pessoas com a finalidade de compartilhar os sonhos, pois essa é uma terapia fantástica. O simples fato de relatar seus sonhos para outra pessoa fará com que os detalhes que haviam passado despercebidos venham à tona. Debater os sonhos em grupo pode ser fascinante, contanto que todos estejam preparados para ser totalmente honestos e dar uma opinião sincera, por mais tola que possa parecer. Em geral, o comentário mais tolo é o que nos ajuda a obter uma resposta.

Quando relatamos um sonho, ficamos mais conscientes da linguagem que estamos usando para descrevê-lo. Além disso, repetindo os sonhos muitas vezes conseguimos sentir as sensações e emoções que deixamos de registrar no diário.

Num ambiente de grupo, muitas vezes podemos compreender melhor nossos motivos ocultos e nossos ganhos secundários.

Se não houver um grupo na sua cidade, que se reúna com a intenção de conversar sobre os sonhos, por que não começar o seu? Você ficará surpreso com o número de pessoas que irão se interessar. Encontre um local tranqüilo, aconchegante, confortável e de fácil acesso. Decida quantas vezes o grupo irá se reunir. Algumas pessoas não gostam de compromissos semanais, preferindo sessões quinzenais ou mensais. Intervalos maiores são melhores, pois permitem um número maior de sonhos entre as sessões. Pode ser que surjam padrões e que você consiga estabelecer ligações com as pessoas com quem convive e com as circunstâncias da sua vida.

Se for preciso pagar um pequeno aluguel pelo cômodo (ou eletricidade, aquecimento, etc.), peça que os membros paguem adiantado. Somos todos bem intencionados, mas quando os tempos estão difíceis ou existem compromissos mais importantes, grupos como esses tendem a se dispersar, e o facilitador pode ter de arcar com todas as despesas sozinho.

Não deixe de enfatizar o caráter confidencial das sessões, pois alguns sonhos podem ser bastante reveladores e deixar a pessoa extremamente vulnerável. Por esse motivo, provavelmente é melhor desencorajar o hábito de fazer anotações.

Se você tiver de trabalhar sozinho, poderá utilizar outros recursos. Em primeiro lugar, irá gostar de dar vazão a algumas expressões artísticas dos seus sonhos. Muitos poemas foram escritos dessa forma. Outra alternativa é tentar desenhar os sonhos. Figuras podem substituir milhares de palavras. Você pode também colocar uma música que evoca a cena do sonho. Levante-se e mova-se ao som da melodia, deixando suas emoções falarem por meio da música. Tudo isso lhe fornece dicas sobre a sua saúde física, mental e espiritual, além de melhorar a sua qualidade de vida.

Por fim, vale a pena ressaltar que podemos criar o nosso próprio futuro. Até certo ponto, sabemos o que iremos fazer nas próximas horas, no dia seguinte e provavelmente na semana seguinte. Isso mostra que, na verdade, temos algum controle sobre o que vai nos acontecer. Portanto, pode ser divertido planejar o futuro que gostaríamos e estabelecer as metas que queremos alcançar. Pegue algumas folhas de papel e escreva o cabeçalho "Eu agora" no canto superior esquerdo da primeira folha. Em seguida, escreva sua meta mais importante no canto inferior direito da última folha. Insira quantas páginas quiser no meio, para anotar etapas sensatas e viáveis. Estabeleça etapas pequenas para que possa realizar todas elas. Você pode trabalhar nesse diário todas as noites, incubando as sementes da próxima meta no seu sonho, tentando obter uma resposta e registrando-a. Algumas vezes você precisará se desviar, ou acrescentar uma etapa, devido ao resultado dos seus sonhos. A cura muitas vezes é alcançada por meio dessa semeadura.

Bons sonhos!

Bibliografia

Andrews, Ted, *The Healer's Manual,* Llewellyn Publications, 1993
Angelo, Jack, *Spiritual Healing,* Element Books, 1991
Benor, Dr. Daniel J, *Healing Research,* Vols 1 & 2, Helix Editions, 1992
Bergson, Henri, *Matter and Memory,* 1896
Bhagavad Gita, The (trad. Juan Mascaro), Penguin Books, 1962
Braude, Stephen E, *The Limits of Influence,* Routledge & Kegan Paul, 1986
Brennan, Barbara Ann, *Hands of Light,* Bantam Books, 1987 [*Mãos de Luz,* publicado pela Editora Pensamento, SP.]
Campbell, Joseph, *The Masks of God,* Vol 1, Arkana, 1991
Capra, Fritjof, *The Turning Point,* Flamingo, 1982 [*O Ponto de Mutação,* publicado pela Editora Cultrix, SP.]
Castenada, Carlos, *The Art of Dreaming,* Aquarian Press, 1993
Cheiro (Conde Louis Hamon), *Cheiro's Book of Numbers,* Herbert Jenkins, 1933
Chetwynd, Tom, *A Dictionary for Dreamers,* Aquarian Press, 1993
—— *A Dictionary of Symbols,* Paladin, 1982
Chinkwita, Mary, *The Usefulness of Dreams: An African Perspective,* Janus Books, 1993
Chopra, Deepak, *Quantum Healing,* Bantam Books, 1989
Cooper, J C, *An Illustrated Encyclopaedia of Traditional Symbols,* Thames & Hudson, 1978
Dee, Nerys, *Discover Dreams,* Aquarian Press, 1989
—— *Your Dreams & What They Mean,* Aquarian Press, 1984
Dethlefsen, Thorwald, *The Healing Power of Illness,* Element Books, 1990
Donahoe, James J, *Dreams Reality,* Bench Press, 1974
Dossey, Larry, *Beyond Illness,* Shambhala Publications, 1984
Drury, Nevill, *The Shaman and the Magician,* Arkana, 1982
Dunne, J W, *An Experiment With Time,* Faber & Faber, 1958
Farraday Ann, *The Dream Game,* Temple Smith, 1975
——, *Dream Power,* Hodder & Stoughton, 1972
Fontana, David, *Understanding Your Dreams,* Element Books, 1990
Frazer, J G, *The Golden Bough,* Macmillan Press, 1922
Gardner Robert L, *The Rainbow Serpent,* Inner City Books, 1990
Gimbel, Theo, *Healing Through Colour,* C W Daniel, 1980

Goldsmith, Joel S, *The Infinite Way*, Unwin, 1979
Grimble, Arthur, *A Pattern of Islands*, John Murray, 1952
Hall, James A, *Patterns of Dreaming*, Shambhala Publications, 1977
Hay, Louise L, *You Can Heal Your Life*, Eden Grove, 1988
Hearne, Dr Keith, *The Dream Machine*, Aquarian Press, 1990
Hope, Murry, *The Psychology of Healing*, Element Books, 1989
Jung, Carl Gustav, *Man & His Symbols*, Picador, 1978
— *Memories, Dreams & Reflections*, Collins, 1963
— *Dreams*, Routledge & Kegan Paul, 1985
Koestler, Arthur, *The Sleepwalkers*, Arkana, 1989
LeBerge, Stephen, *Lucid Dreaming*, Ballantine Books, 1985
Leek, Sybil, *Dreams*, W H Allen, 1976
Linn, Denise, *A Pocketful of Dreams*, Judy Piatkus (Editores) Ltd., 1988
Mabinogion, Everyman's Library, 1975
Matthews, Caitlin, *Arthur and The Sovereignty of Britain*, Arkana, 1989
Mindell, Arnold, *Dreambody*, Routledge & Kegan Paul, 1982
Nau, Dr Erika, *Huna Self Awareness*, Samuel Weiser, 1992
Peters, Dr. Roderick, *Living With Dreams*, Rider, 1990
Playfair & Hill, *The Cycles of Heaven*, Souvenir Press, 1978
Pruyear, Herbert B, *The Edgar Cayce Primer*, Bantam Skylark, 1982
Reed, A W, *Aboriginal Legends*, Reed Books, 1978
Roberts & Mountford, *The Dawn of Time (Aboriginal Myths)*, Rigby Limited, 1969
Rogo, D Scott, *Beyond Reality*, Aquarian Press, 1990
Saint-Denys, Hervey de, *Dreams and How To Guide Them*, Duckworth & Co, 1982
Sams, Jamie & Carson, David, *Medicine Cards*, Bear & Co, 1988
Sharper Knowlson, T, *The Origins of Popular Superstitions & Customs*, Studio Editions Ltd., 1994
Storr, Anthony, *Jung — Selected Writings*, Fontana Press, 1983
Sutherland, Elizabeth, *Ravens and Black Rain*, Corgi Books, 1985
Tanner, Wilda B, *The Mystical, Magical, Marvelous World of Dreams*, Souvenir Press, 1988
Tao Te Ching, Ch'u Ta-Kao, Mandala, 1959
Ullman, M, Krippner, S e Vaughan, A, *Dream Telepathy*, Turnstone, 1973
Upanishads, The (trad. Juan Mascaro), Penguin Books, 1965
van der Post, Laurens, *The Heart of the Hunter*, Odhams Press Ltd., 1961
von Franz, Marie-Louise, *The Feminine in Fairy Tales*, Shambhala, 1972
Watson, Lyall, *Gifts of Unknown Things*, Hodder & Stoughton, 1976
— *Supernature*, Hodder & Stoughton, 1973
Wilson, Colin, *The Occult*, Mayflower Books, 1973
Wolf, Fred Alan, *The Eagle's Quest*, Mandala, 1991
— *Parallel Universes*, Paladin, 1991
— *The Dreaming Universe*, Simon & Schuster, 1994
Young, Alan, *Spiritual Healing*, De Vorss, 1981